WC ZEN !

Le Bouquin du petit coin

#7

Annie Pastor - Monsieur B.

WC ZEN !

Le Bouquin du petit coin

#7

Hugo Desinge

Conception graphique : Jef Cortes

38, rue La Condamine, 75017 Paris.
www.hugoetcie.fr
ISBN : 9782755618860

INTRODUCTION

Dans l'intérêt de tous,
nous vous demandons de respecter ces lieux.

Messieurs, visez juste et approchez-vous,
elle est plus courte que vous ne le pensez.

Mesdames, vous êtes priées de rester assises
pendant toute la performance.

Merci de votre attention.

Les conseils de Dame Pipi

LA TAMBOUILLE DES FLEURS

Des fleurs dans nos assiettes, ce n'est pas une nouvelle lubie. De l'Antiquité au Moyen Âge, cette pratique était courante. Mais s'il existe 250 fleurs comestibles, d'autres peuvent être toxiques, alors soyez vigilants.

- **La capucine :** saveur poivrée, un peu piquante, au goût de cresson. Les jeunes feuilles sont légèrement sucrées.
- **La bourrache :** un goût iodé ressemblant à celui des huîtres. Pincez les fleurs et consommez-les fraîches ou séchées.
- **Le souci** a un léger goût de radis.
- **Les fleurs de chrysanthème,** comestibles, se consomment comme des légumes dans les pays orientaux.
- **Le coquelicot :** les pétales se mangent crus dans les salades, confits au sucre, en décoration, pour aromatiser les boissons…
- **La mauve :** on mange les fleurs et les feuilles dans des salades composées, ou en décoration pour les pâtisseries.
- **Le pissenlit :** tout est comestible en omelette, en salade, en soupe ou en confiture avec les fleurs.
- **La pensée :** pétales pour les salades composées ou en décoration de plats. (Enlevez le pédoncule.) Saveur de noisette.
- **La marguerite :** pétales dans les salades composées, les cocktails, en décoration pour les pâtisseries…
- **La primevère :** pétales cristallisés, en décoration pour les plats, vinaigre… Saveur de miel.

La culture pas chiante

LE SAVIEZ-VOUS ?

Selon les conclusions d'une équipe scientifique danoise, les êtres humains aux yeux bleus seraient issus d'un seul et même ancêtre, apparu de 6000 à 10 000 ans avant notre ère au bord de la mer Noire. Cet ancêtre commun présentait une « anomalie génétique » soustrayant leur couleur aux yeux marron. Au fil du temps, cette particularité aurait évolué jusqu'à présenter de nombreuses variations : bleu-vert, vert, gris.

Le petit coin des jeux

1. Combien y a-t-il de décimètres (dm) dans 5 mètres ?
   a) 50 dm
   b) 60 dm
   c) 500 dm
   d) 5000 dm

2. Si 10 000 euros rapportent 280 euros d'intérêts, combien rapportent 7500 euros ?
   a) 75 euros
   b) 200 euros
   c) 210 euros
   d) 373 euros

3. Qu'est-ce qu'un triangle isocèle ?
   a) Un triangle qui a un angle droit
   b) Un triangle qui a deux côtés de même longueur
   c) Un triangle qui a trois côtés de même longueur
   d) Un triangle qui a trois angles égaux

Réponses : 1a ; 2c ; 3b.

Tirez la chasse

MONEY MONEY

Les banquiers s'invitent dans les écoles primaires et secondaires afin d'enseigner la finance à nos enfants de 7 ans et plus. Cette opération, à l'essai dans 45 établissements de 22 pays européens, pourrait se généraliser. Comment être sûr que ce n'est pas une démarche commerciale de la part des banques ? En choisissant de faire confiance à la Fédération bancaire européenne (FBE). Libre à vous…

Les conseils de Dame Pipi

TIENS-TOI BIEN

Réussir un entretien d'embauche ne dépend pas seulement de vos réponses aux questions de votre interlocuteur. Les expressions du visage, la position et d'autres comportements peuvent agacer les recruteurs. Lorsqu'on leur demande quelles sont les pires erreurs des candidats en matière de langage corporel, ils citent :

1. **Le manque de contact visuel : 50%**
2. **Une mauvaise position : 47%**
3. **L'absence de sourire : 42%**
4. **Une poignée de main faible : 36%**
5. **Le fait de gigoter sur sa chaise : 35%**
6. **Jouer avec quelque chose sur la table : 31%**
7. **Croiser les bras sur son torse : 26%**
8. **Jouer avec ses cheveux ou se toucher le visage : 24%**
9. **Faire trop de gestes des mains : 13%**
10. **Une poignée de main trop puissante : 11%**

Les confidences de Dame Pipi

ÉTRANGES COÏNCIDENCES

Trois navires coulent au même endroit, à chaque fois un 5 décembre, et il ne reste qu'un seul rescapé, tous portant le même nom, Hugh Williams. Voici les détails :

Le 5 décembre 1664, dans le détroit de Menai, un bateau coule, 81 passagers meurent, ne laissant qu'un rescapé, nommé **Hugh Williams**.

Le 5 décembre 1785, un autre navire sombre dans le détroit. Une fois de plus, tout le monde meurt à bord, à l'exception d'un homme : **Hugh Williams**.

Le 5 décembre 1820, un autre bateau connaît le même sort funeste et ne laisse qu'un seul survivant… **Hugh Williams**.

De quoi échauffer les esprits et propager des légendes diaboliques sur ce lieu maudit…

Et pourtant, en cherchant bien, on peut trouver des raisons logiques à ces histoires :

1. Même si la légende n'en mentionne que trois, il y a eu, en réalité, plus de 300 naufrages dans cette zone. La navigation dans ce détroit est particulièrement difficile en hiver.

2. En cette saison, et donc le 5 décembre, le temps est généralement, humide, venteux et orageux, la visibilité est donc mauvaise.

3. Le nom de famille « **Hugh Williams** » est l'équivalent gallois du « John Smith » anglais : un nom qui sonne terriblement populaire, parfait pour nommer un anonyme… ou le protagoniste d'une histoire.

La question de Dame Pipi

Quelle est la différence entre un musée et un muséum ?

Un muséum est un musée consacré aux sciences naturelles.

La culture pas chiante

La basilique de la Nativité à Bethléem est l'une des plus vieilles églises du monde, bâtie sur le lieu présumé de la naissance du Christ. Elle fut construite au IVe siècle par l'empereur romain Constantin Ier le Grand, et restaurée sous Justinien au VIe siècle. Elle est considérée comme sacrée à la fois par les chrétiens et par les musulmans.

La question de Dame Pipi

POURQUOI DIT-ON LORS D'UN CRASH AÉRIEN QUE L'AVION S'EST « ABÎMÉ » EN MER ?

La définition courante (donnée par le Larousse) est la suivante :

Abîmer : mettre quelque chose en mauvais état; endommager, détériorer, esquinter. Mais il existe une deuxième définition faisant référence aux abîmes : « tomber, s'écrouler au fond d'une cavité, d'un creux [...] terrestre, marin, de manière à disparaître momentanément ou définitivement », ou encore « s'engloutir, être englouti » selon l'Académie française.

Le verbe « s'abîmer », utilisé pour évoquer un crash aérien, signifie donc bien que l'avion a été « englouti par les abîmes » et non qu'il a subi quelques dégâts comme le sens le plus usité pourrait laisser supposer.

"On a besoin des animaux : le jaguar pour la voiture, le vison pour sa fourrure et le dindon pour la facture !"

[Paris Hilton]

Le petit coin des listes

À VOS BASKETS !

Voici les sports qui vous feront « fondre comme neige au soleil ». Pour environ une heure :

1. **Le ski de fond :** 545 à 1125 calories brûlées
2. **Le cyclisme :** 570 à 850 calories brûlées
3. **La course à pied :** 850 calories brûlées
4. **Le squash :** 820 calories brûlées
5. **Le saut à la corde :** 680 à 815 calories brûlées
6. **Le rugby :** 680 à 715 calories brûlées
7. **La boxe :** 615 à 815 calories brûlées
8. **Le rameur :** 580 à 680 calories brûlées
9. **La natation :** 545 à 680 calories brûlées
10. **L'escalade :** 540 à 750 calories brûlées

DES SAVOIRS OUBLIÉS

Il fallut attendre le xxe siècle pour comprendre le processus chimique inventé par les Égyptiens pour la fabrication du khôl. Femmes, hommes, enfants, qu'ils fussent rois ou paysans, tous se cernaient les yeux de fard noir. L'utilité médicale de cette pratique ne fut découverte que récemment.

L'étude de résidus de poudre retrouvés et conservés au musée du Louvre a permis de déterminer la composition chimique de ces fards. Ces préparations nécessitaient 30 jours de manipulation, pour au final créer en masse un composant important : la laurionite, faite de chlorure de plomb, qui n'existe pas à l'état naturel. L'environnement fortement humide dans lequel vivaient les Égyptiens était favorable aux infections oculaires. C'est donc pour ses vertus antibactériennes que la laurionite aurait été produite en grande quantité.

Les chercheurs ont conclu que le plomb qui entrait dans la composition du khôl, loin de menacer la santé des Égyptiens comme le laisserait supposer la toxicologie moderne, leur assurait une protection indispensable. Il est probable qu'ils étaient conscients qu'en utilisant le plomb de façon moins parcimonieuse, ils se seraient exposés à d'autres maladies.

On peut supposer alors que nombres de technologies passées, qui n'ont pas été exprimées ensuite par la science, ont toutes été perdues.

Le petit coin des jeux

1. Dans *Tintin*, quel élément physique distingue les deux frères Dupondt ?
   a) Leur chapeau
   b) La couleur de leurs yeux
   c) Leur canne
   d) Leur moustache

2. Quel animal, créé par Philippe Geluck, est vite devenu la mascotte du journal *Le Soir* ?
   a) Le chien
   b) Le chat
   c) La coccinelle
   d) La tortue

3. Qui a dit : « Je veux être calife à la place du calife » ?
   a) Iznogoud
   b) Rastapopoulos
   c) Gaston Lagaffe
   d) Pat Hibulaire

Réponses : 1d ; 2b ; 3a.

GRAÂÂÂ!!...
MORTEL LE LOOK !!

Tirez la chasse

LES ABEILLES EN CHIFFRES

20 000 : le nombre d'espèces d'abeilles répertoriées sur la planète. Il en existe environ 2500 en Europe et 1000 en France.

100 millions d'années : la première apparition des abeilles en même temps que les premières fleurs. Les plus anciens fossiles d'abeilles auraient été trouvés dans de l'ambre.

1970 : le moment à partir duquel les abeilles ont commencé à disparaître, même si c'est surtout le cas depuis la fin des années 1990. En cause, les parasites, virus, bactéries, la dégradation de leurs habitats mais, surtout, le réchauffement climatique qui modifie la structure des plantes et des fleurs pollinisées.

70 000 : c'était le nombre d'apiculteurs en 2008 en France. Treize années plus tôt, ils étaient 15 000 de plus.

35% : la part « de ce qui est dans nos assiettes est lié à la pollinisation ». Parmi ces produits, la confiture, le jus d'orange, le café… Un tiers de notre nourriture dépend directement des abeilles.

84% : le pourcentage de végétaux cultivés en Europe qui ne pourraient plus être pollinisés si les abeilles disparaissent.

153 milliards : c'est l'apport, en 2005, des insectes pollinisateurs, dont l'abeille, soit 9,5% de la production alimentaire mondiale.

30% des colonies d'abeilles disparaissent chaque année, en France.

La question de Dame Pipi

D'ou vient la position du missionnaire ?

En 1929, un ethnologue anglo-polonais observe les habitants des îles Trobriand (en Papouasie-Nouvelle-Guinée). Il voit deux amoureux étendus l'un contre l'autre, se tenant la main. Rien de plus. Mais se montrer aux yeux de tous ainsi, ne pas cacher une attirance, était choquant. Un ancien du village se mit en colère : « Ça, c'est la faute de ces libertins de missionnaires. » La position du missionnaire était donc, à l'origine, « montrer son amour au grand jour ». L'expression dérape en 1948 quand un sexologue américain fait une traduction erronée des notes de l'ethnologue. Il affirma que les missionnaires chrétiens auraient préconisé à leurs ouailles cette position comme la seule convenable en matière de relations sexuelles.

"Ce qui compte, ce n'est pas qui vote, c'est qui compte les votes."

[Joseph Staline]

Les confidences de Dame Pipi

LES PLUS GROS MENSONGES SUR L'ALIMENTATION

1. Le petit déjeuner idéal

Les recommandations officielles sont une tartine de pain, un jus d'orange et un verre de lait. Ou, pour les enfants, un bol de céréales avec du lait (pour le calcium) et un jus d'orange (pour les vitamines).

Faux.

Ces petits déjeuners sont des bombes à sucre qui obligent le pancréas à produire une masse d'insuline, ce qui peut entraîner une crise d'hypoglycémie vers 11 heures du matin, avec une baisse d'énergie, et une prise de poids sous forme de mauvaises graisses. Un petit déjeuner doit au contraire être riche en protéines. Moins de glucides et plus de protéines augmentent l'énergie, diminuent la sensation de faim au cours de la journée, sans pour autant augmenter le nombre de calories absorbées pendant la journée.

Il est hautement recommandé de manger : des œufs, de l'avocat, une tranche de saumon, de jambon, des olives, du fromage de brebis, des noix, amandes et autres fruits à coque, ou encore des crudités avec de la vinaigrette.

2. Le lait est bon pour les os

Il n'existe pas la moindre preuve que le lait rende les os solides et prévienne les fractures, et c'est même le contraire qui vient d'être démontré par une nouvelle étude de Harvard (qui fait suite à toutes les données scientifiques que l'on avait déjà sur cette question).

Plus de lait au cours de l'adolescence, c'est plus de risques de fracture de la hanche chez les hommes. Chez les femmes, la consommation de lait ne change rien.

De plus, selon une étude de 2012, les hommes qui, dans l'adolescence, ont bu le plus de laitage ont un risque significativement augmenté de développer un cancer de la prostate.

3. Les aliments allégés sont bons pour la santé

Les industriels de l'agro-alimentaire savent qu'en retirant le gras, les produits deviennent insipides. Ils ajoutent, en général, des sucres : sucre, sirop de glucose-fructose ou des édulcorants artificiels comme l'aspartame. Ces aliments augmentent fortement les fringales.

Les graisses, au contraire, donnent une sensation durable de satiété, parce qu'elles restent plus longtemps dans l'estomac pour être digérées par les sucs digestifs.

Il est donc plus difficile de maigrir quand on mange des produits allégés en graisse.

4. Les œufs sont mauvais pour la santé

Il est vrai qu'un gros jaune d'œuf contient 212 mg de cholestérol, ce qui est beaucoup par rapport aux autres aliments.
Mais il a aussi été prouvé que le cholestérol alimentaire n'augmente pas le cholestérol sanguin. Le cholestérol sanguin est fabriqué par le foie, à partir du sucre.
Manger un œuf tous les jours n'augmente en rien le risque de maladie cardiaque et peut même faire baisser le risque d'attaque cérébrale (AVC), sauf pour les personnes diabétiques.
Notons également que le jaune d'œuf est riche en antioxydants qui protègent les yeux contre la cataracte et la dégénérescence maculaire.

5. Manger beaucoup de protéines est mauvais pour les reins

Les régimes hyper-protéinés sont fortement critiqués pour provoquer des problèmes pour les reins et de l'ostéoporose (os poreux).
Une fois de plus, c'est le contraire qui est vrai.
Sur le long terme, manger des protéines donne des os plus solides et diminue fortement le risque de fracture. Concernant les reins, il s'agit là encore d'un mythe : les études approfondies n'ont montré aucun lien entre les régimes riches en protéines et les problèmes de reins chez les personnes en bonne santé.
Manger plus de protéines et moins de céréales diminue la pression artérielle, les taux de cholestérol et le risque de maladies cardiaques.

Le petit coin des jeux

1. Quel pays a pour capitale Amman ?
   a) Paraguay
   b) Jordanie
   c) Indonésie
   d) Lituanie

2. Avec quel pays la France n'a-t-elle aucune frontière ?
   a) Belgique
   b) Autriche
   c) Suisse
   d) Espagne

Réponses : 1b ; 2b.

La question de Dame Pipi

Quelle est la différence entre un nouveau-né et un nourrisson ?

Un nouveau-né est un enfant de moins de 28 jours.
De 28 jours à 2 ans, c'est un nourrisson.

Le petit coin des listes

LES PAYS LES PLUS INNOVANTS

Le groupe Bloomberg a établi la liste des pays les plus innovants du monde d'après six paramètres pris en compte de manière égale : l'importance de la recherche et du développement, la production à haute valeur ajoutée, les entreprises de haute technologie, l'éducation supérieure, le personnel de recherche et le nombre de brevets déposés.

25. **Pologne**
24. **Italie**
23. **Espagne**
22. **Chine**
21. **Irlande**
20. **Pays-Bas**
19. **Belgique**
18. **Nouvelle-Zélande**
17. **Autriche**
16. **Suisse**
15. **Norvège**
14. **Russie**
13. **Australie**
12. **Canada**
11. **Danemark**
10. **Royaume-Uni**
9. **France**
8. **Singapour**
7. **Suède**
6. **États-Unis**
5. **Israël**
4. **Finlande**
3. **Allemagne**
2. **Japon**
1. **Corée du sud**

La culture pas chiante

Avant l'an 595, un assassinat pouvait se racheter contre de l'argent

Pour le meurtre d'un évêque : 400 écus ; pour un berger ou un laboureur : 30 écus. En février 595, Childebert, roi des Francs et fils de Clovis, mit fin à ces pratiques en décrétant que tout assassinat serait puni de la peine de mort.

"Un politicien est comme un bébé. C'est un tube digestif. D'un côté, une bouche avide. À l'autre bout, aucun sens de ses responsabilités."

La question de Dame Pipi

Quelle est la différence entre synonyme et antonyme ?

Un synonyme est un mot de même sens,
un antonyme est un mot de sens contraire.

Exemple : Un synonyme de « beau » est « joli ».
Un antonyme de « beau » est « laid ».

La culture pas chiante

Les véritables oubliettes sont très rares

L'archéologie a fréquemment démontré que de prétendues oubliettes étaient en fait des entrepôts à vivres.

"Si le climat était une banque, les USA l'auraient déjà sauvé."

[Hugo Chavez (président du Venezuela),
Sommet de Copenhague du 16 décembre 2009]

LA MÉDAILLE FIELDS

La médaille Fields est la plus prestigieuse récompense pour la reconnaissance de travaux en mathématiques, souvent comparée au prix Nobel. De nombreuses disciplines possèdent un prix Nobel, comme la chimie, la physique ou la littérature… Mais il n'en existe pas pour les mathématiques. La raison le plus souvent évoquée serait que la femme de Nobel ait eu une aventure avec un mathématicien suédois. Ce qui expliquerait l'animosité de Nobel contre les mathématiques, et donc cet « oubli ». John Charles Fields proposa la création de cette médaille en 1923. Elle est décernée tous les quatre ans, lors du Congrès international des mathématiciens.
Les médaillés depuis 1936 :

14 Américains

12 Français

9 de Russie/URSS

5 Anglais

3 Japonais

2 Belges

1 Norvégien

1 Finlandais

1 Allemand

1 Suédois

1 Italien

1 Néo-Zélandais

1 Sud-Africain

1 Australien

1 Israélien

1 Brésilien

1 Taïwanais

1 Vietnamien

1 Autrichien

Les potins de Dame Pipi

IL NE FAUT PAS DÉSESPÉRER

Ces célébrités, hommes d'affaires, etc., n'ont pas connu des débuts faciles :

Steve Jobs, le cofondateur d'Apple, a été viré de sa propre compagnie en 1985. Il a réintégré l'entreprise 10 ans plus tard et, en 2015, Apple est devenue la première compagnie estimée à 700 milliards $US.

Hugh Jackman, l'acteur primé de *X-Men*, a été renvoyé d'un emploi de caissier dans un magasin d'alimentation après six semaines de service.

Henri Ford, le légendaire fondateur de la Ford Motor Company, a d'abord travaillé pour la Detroit Automobile Company, qui avait fermé ses portes au bout d'un an. La compagnie a fait faillite pour faible productivité et mauvaise qualité.

Colonel Sanders, le fondateur de la chaîne KFC, s'est vu rejeté par plusieurs restaurants pour sa recette de poulet frit. Aujourd'hui, sa chaîne sert chaque jour près de 8 millions de clients dans le monde dans ses 14 000 restaurants.

Le premier personnage de **Chaplin** au cinéma n'a pas été bien reçu : les critiques lui reprochaient d'avoir l'air trop jeune. Le jeune homme de 24 ans a donc adopté la moustache et les pantalons amples, grâce auxquels il a obtenu le look qui allait devenir sa marque de commerce.

Akio Morita et **Masaru Ibuka** ont démarré la Sony Corporation en 1946. Leur premier produit, un cuiseur à riz, a connu un échec retentissant parce qu'il ne cuisait par le riz correctement.

La prestigieuse University of Southern California School of Theater, Film and Television a rejeté la candidature de **Steven Spielberg** à trois reprises.

Au début des années 20, **Walter Elias**, dit « Walt » Disney, a fondé une compagnie d'animation appelée Laugh-O-Gram. Après deux ans d'opérations, il n'arrivait plus à payer ses créanciers et a dû se déclarer en faillite.

Soichiro Honda s'était vu refuser un emploi d'ingénieur chez Toyota.

Ang Lee, après l'obtention de son diplôme en 1975, resta longtemps à la maison à faire de menus travaux. Ce n'est qu'en 1992 qu'il a fait ses débuts comme réalisateur. En 2006, il obtint son premier Oscar du meilleur réalisateur avec *Le Secret de Brokeback Mountain*.

Madonna a laissé tomber la fac pour aller travailler chez Dunkin' Donuts. Elle a été renvoyée après avoir sali un client avec de la confiture.

La première audition de **Sidney Poitier** à l'American Negro Theater a été un échec… Ce qui ne l'a pas empêché de remporter l'Oscar du meilleur acteur des années plus tard.

La culture pas chiante

QUELLE EST LA DIFFÉRENCE ENTRE ROYAUME-UNI ET GRANDE-BRETAGNE ?

Le Royaume-Uni couvre une superficie de 243 610 km^2, faisant de lui le 80e plus grand pays du monde, et le 11e d'Europe.

Il est le 22e pays le plus peuplé du monde, avec une population estimée à 64 millions d'habitants.

Il s'agit d'une monarchie constitutionnelle qui possède un système parlementaire de gouvernance.

Sa capitale est Londres, une ville mondiale et la première place financière au monde, mais également la plus grande aire métropolitaine d'Europe.

Le Royaume-Uni est composé de quatre nations constitutives : l'Angleterre, l'Écosse, le pays de Galles et l'Irlande du Nord.

Le petit coin des jeux

1. Combien une étoile de mer a-t-elle généralement de branches ?
   a) 4
   b) 5
   c) 8
   d) 12

2. Quel animal est un bonobo ?
   a) Un lion
   b) Un zèbre
   c) Un phacochère
   d) Un singe

3. Quel animal est un fennec ?
   a) Un lynx
   b) Un renard
   c) Une panthère
   d) Un vautour

4. Quel animal est un gnou ?
   a) Un panda
   b) Un cochon
   c) Un tigre
   d) Une antilope

Réponses : 1b ; 2d ; 3b ; 4d.

Les trois dernières ont des administrations dévolues, chacune avec des pouvoirs variés, basés dans leurs capitales régionales, respectivement Édimbourg, Cardiff et Belfast.

Guernesey, Jersey et l'île de Man sont des dépendances de la Couronne et ne sont donc pas rattachés au pays. De plus, le pays comprend quatorze territoires d'outre-mer disséminés sur plusieurs océans.

La Grande-Bretagne (Great-Britain) est une île. Elle comprend uniquement l'Angleterre, l'Écosse et le pays de Galles. C'est la plus grande des îles britanniques. (L'Irlande du Nord et la République d'Irlande formant la deuxième plus grande île.)

Tirez la chasse

UN DRAME ÉCOLOGIQUE ET HUMAIN

Quatre ans après le séisme et le tsunami du 11 mars 2011, qui ont dévasté le complexe atomique de Fukushima-Daiichi, la radioactivité demeure partout présente, dans les réacteurs éventrés comme dans les sous-sols gorgés d'eau qui continuent de souiller le Pacifique. Poissons, eau et une zone contaminés de 515 km², dont 408 km² de forêt, 88 km² de terres agricoles et 10 km² de territoires qui étaient habités... Aujourd'hui, la presse parle de décontamination interminable, dissimulations d'informations, de l'Agence internationale de l'énergie atomique qui vient d'autoriser la vie dans ces zones, et du gouvernement japonais qui, malgré l'hostilité de l'opinion, prévoit la relance du nucléaire.
Durée de vie des déchets nucléaires :

- **Iode 131 :** 8 jours
- **Iode 125** : 60 jours
- **Radium 226 :** 1600 ans
- **Carbone 14 :** 5730 ans
- **Plutonium 239 :** 24 000 ans
- **Potassium 40 :** 1,3 milliard d'années
- **Uranium 238 :** 4,5 milliards d'années

"La voilà foudroyée comme un lapin en plein vol !"

[Thierry Roland commentant la chute d'une coureuse de 100 mètres]

Pissons de rire

Dans le désert du Nevada, une touriste tombe en panne d'essence. Pas une seule voiture en vue. Heureusement arrive un Indien à cheval qui s'arrête et lui dit :

– Montez derrière moi, je vais vous emmener à la prochaine station-service…

Et il repart avec elle au galop… Pendant tout le parcours, il crie : « Youpi ! Yahoo ! »

Il la dépose à la station et s'éloigne en lançant des « Youpi ! Yahoo ! » à tout vent.

– Il avait l'air drôlement joyeux, l'Indien ! dit le pompiste à la touriste. *Qu'est-ce que vous lui avez fait ?*

– Je ne sais pas ! Rien du tout ! J'étais derrière lui sur le cheval, les bras passés autour de sa taille, et je me tenais au pommeau de sa selle.

– Mais ma petite dame, vous ne savez pas que les Indiens montent toujours sans selle ?

Les confidences de Dame Pipi

LES ÉTUDES CONTINUENT

Une étude scientifique vient de montrer que l'inhalation à haute dose de vapeur de cigarette électronique chez la souris augmente la sensibilité aux infections respiratoires et libère des radicaux libres (des substances toxiques susceptibles d'altérer l'ADN), mais 100 fois moins nombreux que dans les cigarettes. Pas de quoi se remettre à fumer du tabac pour qui a arrêté, mais l'innocuité totale reste donc à prouver.

La question de Dame Pipi

Hormis les doigts, quel autre organe possède une empreinte unique ?

Ce n'est ni le coude ni l'oreille mais la langue qui est unique pour chaque être humain, tant en longueur et largeur qu'en texture. À noter qu'elle mesure en moyenne 10 cm de long et que les hommes possèdent des langues plus longues que les femmes.

"Au ciel, le policier est britannique, le chef cuisinier est français, l'amant est italien, le mécanicien est allemand et l'administrateur suisse. En enfer, le policier est allemand, le chef cuisinier anglais, l'amant est suisse, le mécanicien français et l'administrateur italien."

[Valéry Giscard d'Estaing]

LES 10 PLUS GRANDES ÎLES DU MONDE

10. Grande-Bretagne, 216 777 km², pays : Royaume-Uni

9. Victoria, 217 291 km², pays : Canada

8. Honshū, 227 414 km², pays : Japon

7. Sumatra, 425 000 km², pays : Indonésie

6. Baffin - 507 451 km², pays : Canada

5. Madagascar, 578 041 km², pays : Madagascar

4. Bornéo, 725 500 km², pays : Indonésie ET Brunei ET Malaisie

3. Nouvelle-Guinée, 786 000 km², pays : Indonésie ET Papouasie-Nouvelle-Guinée

2. Groenland, 2 130 800 km², pays : Groenland (province autonome du Danemark)

1. Australie, 7 617 930 km², pays : Australie

Le petit coin du futur

LES 10 TECHNOLOGIES LES PLUS PROMETTEUSES SELON LA REVUE DU MIT

Le Massachusetts Institute of Technology, ou MIT, est un institut de recherche et une université américaine, spécialisée dans la science et la technologie. Elle est souvent considérée au XXIe siècle comme une des meilleures universités mondiales dans ces domaines.

1- INTRODUIRE LA RÉALITÉ VIRTUELLE DANS NOTRE MONDE RÉEL

La start-up Magic Leap vient d'achever son premier prototype : un minuscule projecteur qui affiche des images en 3D. Projeter des contenus en surimpression de la réalité se fera avec des lunettes spéciales. Cela ouvrirait le champ à un nombre infini d'applications médicales, sportives ou commerciales.

Disponibilité : d'ici 1 à 3 ans

2- RÉVOLUTIONNER LA CONSTRUCTION AVEC LA NANO-ARCHITECTURE

Du métal ou de la céramique légers et hyper résistants. Julia Greer, du California Institute of Technology, a réussi à produire des matériaux avancés dont elle a modifié la structure à l'échelle nanométrique. Elle les conçoit grâce à des machines qui ressemblent à des imprimantes 3D. Avec une promesse : fabriquer à moindre coût et en grande quantité des matériaux plus performants pour l'architecture.

Disponibilité : d'ici 3 à 5 ans

3- DES VÉHICULES QUI COMMUNIQUENT ENTRE EUX POUR PLUS DE SÉCURITÉ

L'étude a prouvé que cette technologie pourrait empêcher plus d'un demi-million d'accidents chaque année, en informant les conducteurs de l'état du trafic… Le Département américain des transports et l'Union européenne ont annoncé réfléchir à des règles pour encadrer son utilisation. Des constructeurs comme Ford planchent depuis quelques années déjà sur des prototypes.

Disponibilité : d'ici 1 à 2 ans

4- DES MILLIARDS DE GENS CONNECTÉS GRÂCE À DES BALLONS

4,3 milliards de personnes, c'est le nombre d'individus qui n'ont pas accès à Internet et qui pourraient être concernés par cette avancée. Google souhaite, avec son projet Loon, déployer des ballons stratosphériques pour offrir un accès Internet au monde entier.

Disponibilité : d'ici 1 à 2 ans

5- DIAGNOSTIQUER UN CANCER AVEC UNE SIMPLE PRISE DE SANG

Grâce au séquençage de l'ADN du patient et à partir du prélèvement de seulement quelques gouttes de sang, il est possible de détecter certains cancers (d'origine virale) à un stade précoce, avant même que les premiers symptômes n'apparaissent. Il restera à déterminer si cette biopsie liquide pourrait être utilisée pour tous les cas de cancer…

Disponibilité : immédiate

6- DESSALER À GRANDE ÉCHELLE

Elle s'appelle Sorek et a coûté 500 millions de dollars au gouvernement israélien. C'est une gigantesque usine de dessalement construite au sud de Tel-Aviv, qui utilise une nouvelle technologie pour rendre l'eau de mer potable. Israël espère ainsi que 50% de ses besoins en eau seront couverts par le dessalement d'ici 2016.

Disponibilité : maintenant

7- PAYER AVEC SON MOBILE ET SANS CONTACT AVEC APPLE PAY

Le téléphone ne stocke aucune information bancaire, et chaque transaction génère un code unique qui ne peut être utilisé qu'une fois. En outre, le paiement est déclenché par l'empreinte digitale du propriétaire. Un système sécurisé qui suscite l'adhésion des banques et des utilisateurs d'iPhone depuis son lancement aux États-Unis.

Disponibilité : maintenant aux États-Unis

8- CULTIVER DES NEURONES EN LABORATOIRE

Des cellules de cerveau humain, obtenues en laboratoire à partir de cellules de peau, sont porteuses d'espoir pour l'étude des pathologies mentales. Le traitement de la maladie d'Alzheimer, de l'autisme, de la schizophrénie ou encore de l'épilepsie pourrait ainsi bénéficier de cette technologie.

Disponibilité : maintenant

9- BOOSTER LA PHOTOSYNTHÈSE DES PLANTES

40% de la population mondiale serait dépendante du blé ou du riz pour se nourrir. Mais la production reste stable, tandis que la demande croît. Des chercheurs ont réussi à mettre au point une technique qui permet de stimuler la croissance des plantes.

Disponibilité : d'ici 10 à 15 ans

10- CONSTRUIRE L'INTERNET DE L'ADN

Partager via Internet et comparer automatiquement les génomes de personnes malades pourrait épauler les médecins dont les patients sont atteints de maladies rares, en accélérant la détection de mutations particulières. Une technique testée depuis janvier 2015 par plusieurs cliniques du monde. Mais pour y parvenir, il faudra convaincre les scientifiques de partager sur Internet des informations génétiques jusque-là confidentielles. Cela soulève de nombreuses questions éthiques.

Disponibilité : d'ici 1 à 2 ans

METTRE SON BONNET POUR NE PAS ATTRAPER FROID...

DISPONIBILITÉ : IMMÉDIATE !!

Le petit coin des jeux

1. Dans quel sport s'est illustrée Steffi Graf ?
   a) Patinage
   b) Volley-ball
   c) Ski
   d) Tennis

2. Quel footballeur était surnommé le King ?
   a) Zinédine Zidane
   b) Wayne Rooney
   c) David Beckham
   d) Éric Cantona

3. Quelle équipe féminine de volley-ball a été sacrée championne olympique aux JO de Londres en 2012 ?
   a) Le Brésil
   b) Les États-Unis
   c) Le Japon
   d) La France

4. Qui était Louison Bobet ?
   a) Un boxeur
   b) Un tennisman
   c) Un cycliste
   d) Un sauteur en hauteur

Réponses : 1d ; 2d ; 3a ; 4c.

"Cookie : anciennement petit gâteau sucré, qu'on acceptait avec plaisir. Aujourd'hui : petit fichier informatique drôlement salé, qu'il faut refuser avec véhémence."

[Luc Fayard]

LA PAGE SUCRÉE

Il y a autant de sucre dans un thé glacé format 890 ml chez McDonald's que dans deux tablettes de chocolat Snickers.

La barbe à papa a été inventée par un dentiste et un confiseur en 1897.

En 1930, Ruth Wakefield a accidentellement inventé les cookies au chocolat. Manquant de chocolat de boulangerie pour ses biscuits, elle se servit des pépites de chocolat mi-sucré de Nestlé. Contrairement à ses attentes, le chocolat ne fondit pas dans la pâte. Mais les biscuits eurent un tel succès que Ruth trouva un accord avec la société Nestlé. Elle les autorisait à imprimer sa recette des cookies sur l'emballage de leurs pépites chocolatées en échange d'un approvisionnement à vie.

La tradition du gâteau d'anniversaire remonte à la Grèce antique. Les Grecs fêtaient, une fois par an, Artémis, la déesse de la Lune et de la Chasse. À cette occasion, ils mangeaient un gâteau au miel, rond comme la Lune, éclairé par des cierges pour imiter sa lueur, et ils se mettaient à genoux pour prier avant de souffler les bougies.

Le petit coin des listes

LES 10 PLUS GRANDES FORTUNES PROFESSIONNELLES EN FRANCE

	Société	Patrimoine professionnel en 2014 en Mds €	En nombre d'années de SMIC (*)
Bernard Arnault	LVMH	27,0	1 991 150
Liliane Bettencourt	L'Oréal	26,0	1 917 404
Gérard Mulliez	Groupe Auchan	20,0	1 474 926
Axel Dumas	Hermès International	17,0	1 253 687
Gérard et Alain Wertheimer	Chanel	14,5	1 069 322
Serge Dassault	Groupe industriel Marcel Dassault	13,5	995 575
François Pinault	Kering	13,5	995 575
Vincent Bolloré	Bolloré Transport, médias	10,0	737 463
Xavier Niel	Iliad Free	8,5	626 844
Pierre Castel	Castel Boisson	7,5	553 097

La question de Dame Pipi

Comment fait un moustique pour ne pas mourir sur-le-champ quand il aspire votre sang chaud alors que c'est un insecte dont le corps doit rester à température ambiante ?

Deux chercheurs de l'Institut de recherche sur la biologie de l'insecte, de l'université François Rabelais de Tours (CNRS), se sont penchés sur la question. La réponse ne va pas forcément renforcer votre amour du moustique puisque ce dernier, en même temps qu'il vous pompe le sang… urine. Eh oui, non seulement il vous pique mais, en plus, il vous fait pipi dessus. Cela lui permet de faire baisser sa température.

Pissons de rire

Un éleveur de poulet entre dans le bar de son village… Il s'assied à côté d'une femme et commande un verre de champagne.
La femme dit:
– *Comme c'est bizarre ! Je viens de commander un verre de champagne aussi.*
– *Quelle coïncidence, dit le fermier, c'est un jour spécial pour moi… je le célèbre.*
– *C'est un jour spécial pour moi aussi, je le célèbre aussi ! dit la femme.*
– *Quelle coïncidence !* dit le fermier.
Comme ils trinquent, l'homme demande :
– *Que célébrez-vous donc ?*
– *Mon mari et moi avons essayé d'avoir un enfant depuis des années, et aujourd'hui mon gynécologue m'a annoncé que j'étais enceinte !*
– Quelle coïncidence, dit l'homme, *je suis un éleveur de poulets et pendant des années toutes mes poules ont été infertiles, mais aujourd'hui, elles se sont toutes mises à pondre des œufs fécondés.*
– *C'est génial !* dit la femme, *Comment avez-vous fait pour que vos poulets deviennent fertiles ?*
– *J'ai utilisé un autre coq,* répond-il.
La femme sourit et dit :
– *Quelle coïncidence…*

ON SE TROMPE SOUVENT…

Il ne faut pas dire :

Rénumérer	mais	Rémunérer
Carroussel	mais	Carrousel
Dilemne	mais	Dilemme
Déguingandé	mais	Dégingandé
Pécunier	mais	Pécuniaire
Dépradation	mais	Déprédation
Rasséneré	mais	Rasséréné
Infractus	mais	Infarctus
Aéropage	mais	Aréopage
Obnibuler	mais	Obnubiler

La question de Dame Pipi

Qui a dit : « La France a perdu une bataille ! Mais la France n'a pas perdu la guerre ! »

Cette phrase célèbre du général de Gaulle n'a pas été prononcée le 18 juin 1940 comme on le croit, mais un mois plus tard. Elle est en fait issue d'une affiche qui sera placardée fin juillet sur les murs de Londres.

Il faut souligner que le général de Gaulle se serait inspiré d'un discours du ministre de l'Information britannique, Duff Cooper, prononcé le 28 mai 1940 et publié dans le *Times* du lendemain.

Le petit coin des listes

LES 10 PLUS GRANDS CHANTIERS DU MONDE

Toujours plus grands, toujours plus haut… des chantiers ambitieux sont en cours, sur tous les continents :

- **La tour de 1 km de haut :** en chantier à Djedda en Arabie Saoudite, la Kingdom Tower devrait être la première à dépasser les 1000 mètres de hauteur.
- **Le plus gros paquebot du monde :** construit à Saint-Nazaire, Oasis 3 sera le plus grand des palaces flottants.
- **Une arche pour confiner la radioactivité :** à Tchernobyl, une arche géante doit isoler le réacteur endommagé et encore fortement radioactif.
- **Le pont de la démesure :** pas moins de 42 km de ponts et de tunnels permettront de traverser l'estuaire qui sépare Hong Kong et Macao.
- **Le pipeline qui sauverait la mer Morte :** ce projet audacieux propose de renflouer la mer Morte en pompant l'eau de la mer Rouge.
- **Le plus long tunnel jamais creusé :** le chantier du Saint-Gothard a débuté en 1996 dans les Alpes suisses. Lors de son inauguration, vraisemblablement fin 2016, il devrait être le plus long tunnel ferroviaire du monde avec ses 57 km de long.

"La ménopause a en commun avec la récession économique d'être l'expression d'une crise où les flux s'arrêtent et les stocks s'accumulent de tous côtés."

- **Le premier complexe gazier flottant :** concept révolutionnaire, Prélude extraira et liquéfiera le gaz en pleine mer.

- **Un chantier colossal pour la big science :** la construction d'Iter, un réacteur à fusion nucléaire d'une taille exceptionnelle.

- **La reprise d'un chantier historique :** le canal de Panama fait peau neuve pour pouvoir accueillir de plus grands porte-conteneurs. C'est toute l'infrastructure du canal qui a dû être adaptée aux nouveaux géants des mers. Rappel, le premier chantier fut initié par les Français en 1880, le canal ne fut achevé par les Américains qu'en 1914.

- **Le futur barrage géant de l'Afrique :** un ensemble de barrages sur le fleuve Congo pourrait alimenter en électricité la moitié du continent africain.

Les conseils de Dame Pipi

Les nourrissons qui consomment des aliments contenant des cacahuètes auraient moins de risques de développer des allergies à cette arachide. Un essai clinique réalisé par des chercheurs britanniques montre que ce risque peut être réduit de 81%.

La question de Dame Pipi

Le saviez-vous ?

IKEA est la première enseigne à avoir mis en scène un couple homosexuel dans une publicité. C'était en 1994.

Pissons de rire

Un jeune Esquimau frappe sur la glace avec son piolet et, soudain, une voix lui dit :

– *Il n'y a pas de poisson ici.*

Obéissant, il se déplace 10 mètres plus loin, et à nouveau la même voix lui dit la même chose.

Intrigué, il demande :

– *Mais quelle est cette voix ?*

– *Celle du directeur de la patinoire.*

CHAMPIGNON DE CONTES DE FÉES

L'amanite tue-mouches est un champignon toxique. Agissant comme une drogue, elle donne des hallucinations, une sensation d'ivresse… En grande quantité, elle peut être mortelle. Et pourtant, le chapeau rouge tacheté de blanc est une image répandue particulièrement dans les livres pour enfants, dans les films d'animation tel que *Les Schtroumpfs*, *Fantasia* ou encore *Alice aux pays des merveilles*, ou dans les peintures féériques de l'ère victorienne. Au Japon, elle se nomme « champignon des gobelins rouges à long nez », réputé pour rendre les hommes fous.

Ces champignons étaient très prisés dans certaines cultures anciennes et pouvaient coûter des fortunes. En Sibérie, lors des fêtes, les plus riches les faisaient bouillir pour s'enivrer avec l'eau parfumée. Quant aux plus pauvres, ils attendaient avec une écuelle en bois pour recueillir l'urine des fêtards… afin de la boire.

Le petit coin des jeux

1. Qui suis-je ?
Je suis dans le mot « tant »
Et au fond du jardin
Je commence la nuit
Et je finis le matin
J'apparais deux fois dans l'année.

2. J'ai quelque chose dans ma poche, mais ma poche est vide. Qu'est-ce que c'est ?

3. David a 10 ans, son petit frère Franck a la moitié de son âge. Quand David sera 10 fois plus âgé, quel âge aura Franck ?

Réponses :
1- la lettre « n ».
2- un trou.
3- Franck aura toujours 5 ans de moins que son frère, soit 95 ans, et non 50 ans.

Les conseils de Dame Pipi

Vos pâtes sont trop cuites ? Pas de panique. Mettez-les dans l'eau glacée ou passez-les sous l'eau froide pendant quelques minutes pour arrêter le processus de cuisson et contracter l'amidon. Puis réchauffez-les dans la sauce tomate. L'acidité va les raffermir.

La question de Dame Pipi

Pourquoi dit-on avoir « 30 balais » pour « 30 ans » ?

L'origine de ce mot pour désigner les années reste assez floue. Plusieurs hypothèses ont été retenues par les linguistes.

- Dans l'ancien temps, il était coutume d'utiliser un balai par an. Lorsque l'on fêtait son anniversaire, cela correspondait à un balai supplémentaire. D'un point de vue plus global, il s'agit d'une expression imagée qui dit que plus on vieillit, plus on a acheté de balais au cours de sa vie.
- L'expression « ... et des poussières » serait apparue vers 1938 dans le langage courant. Il ne serait donc pas impossible que l'expression « balais » pour signifier « ans » soit apparue en réaction à celle-ci ; elle figure dans dictionnaire depuis 1976.

CENSURE ET LIBERTÉ

Fin 1856, au terme de plusieurs années de labeur, Flaubert fait paraître *Madame Bovary*. Malgré les passages censurés par l'éditeur, le livre fait aussitôt scandale : l'histoire d'Emma – cette fille de paysans qui, pour fuir la médiocrité de son époux et la routine provinciale, se réfugie dans ses lectures puis dans l'adultère – choque la censure. Flaubert est poursuivi pour outrage aux mœurs et à la religion.

Le procès de Flaubert se tient le 31 janvier 1857. Son avocat, pour sa défense, ne plaide pas la liberté d'expression mais les châtiments horribles qu'endure l'héroïne du livre, dus à ses écarts. Après un acquittement, le livre put sortir dans son intégralité. Et l'auteur dira : « Ma cause était celle de la littérature contemporaine tout entière. Ce n'est pas mon roman que l'on attaque mais tous les romans, et avec eux le droit d'en faire. »

La publicité provoquée par le procès permettra à l'éditeur de vendre quinze mille exemplaires de l'œuvre en deux mois.

Voici quelques livres interdits :

La Bible, interdite dans le monde entier jusqu'à la Renaissance, afin d'éviter les hérésies.

L'Encyclopédie de Diderot et d'Alembert, jugée trop immorale en 1752.

Candide de Voltaire, publié en France à la fin du XVIIIe siècle. Trop libertaire pour les catholiques.

"Hier soir, j'ai demandé à ma femme : Ruth, est-ce que le sexe et la passion ont cessé d'exister entre nous ? Elle m'a répondu : On en discutera pendant la pub !"

[Milton Berle]

Les Fleurs du mal, publié en France, en 1857. Baudelaire et son éditeur furent condamnés pour « outrage à la morale publique ».

L'Amant de Lady Chatterley de D. H. Lawrence : le livre a été interdit aux États-Unis et au Royaume-Uni, avant d'y être autorisé en 1959 et 1960. En Australie, l'interdiction de publication s'est étendue de 1929 à 1965 pour outrage aux bonnes mœurs.

Sherlock Holmes de Arthur Conan Doyle, interdit en Russie en 1929. La raison : pamphlet de sciences occultes.

"La connerie, c'est la décontraction de l'intelligence."

[Serge Gainsbourg]

L'Appel de la forêt de Jack London, interdit en Italie et en Yougoslavie en 1929. En Allemagne nazie, de 1933 à 1945. En outre, Jack London était célèbre pour ses positions socialistes, ce qui amènera les régimes fascistes d'Europe à interdire tous ses ouvrages.

Les Aventures d'Alice au pays des merveilles de Lewis Carroll, interdit en Chine en 1931. La raison : faire parler des animaux comme des humains est indécent.

Robin des Bois, interdit dans l'État de Virginie en 1953, s'inspire de l'idéologie communiste.

Mickey Mouse, en Union soviétique et en Yougoslavie dans les années 1930, dans l'Allemagne de l'Est des années 1950. Aujourd'hui, une fatwa est lancée contre Mickey par des islamistes radicaux d'Arabie Saoudite. Mickey est et était en effet considéré comme une figure de « l'impérialisme capitaliste » ou encore comme un « héros anticommuniste ».

J'irai cracher sur vos tombes, en France en 1949. Après un long procès, Boris Vian, qui a écrit le livre sous le pseudonyme de Vernon Sullivan, est condamné pour « outrage aux bonnes mœurs », mais la censure n'est pas administrativement validée.

American Psycho de Bret Easton Ellis, est interdit au Queensland en Australie depuis 1991.

Da Vinci Code de Dan Brown, est censuré au Liban depuis 2004, pour offense au christianisme.

"Je me rends cette justice qu'en fait de sans-culottes, je n'ai jamais aimé que les femmes."

[Victor Hugo dans *Les Misérables*]

Trop fort

L'HIPPOPOTAME ET LA BALEINE SONT DE VIEUX COUSINS

Une espèce fossile d'ongulés découverte en Afrique se révèle être le chaînon manquant pour affilier les hippopotames et les cétacés. Successivement pensé proche des chevaux, des vaches ou encore des sangliers, l'animal emblématique des rivières africaines serait finalement plus proche du dauphin.

Le petit coin des jeux

1. Où trouve-t-on les girafes ?
   a) Dans la savane
   b) Dans des villes très boisées
   c) Dans les arbres

2. Où trouve-t-on le kangourou à l'état naturel… ailleurs qu'en Australie ?
   a) Nulle part ailleurs qu'en Australie
   b) En Indonésie
   c) En Nouvelle-Zélande

3. Où peut-on trouver des tigres dans la nature ?
   a) Au Sénégal
   b) En Inde
   c) En Australie

4. Parmi ces lieux, où ne trouve-t-on pas de tortue luth ?
   a) Argentine
   b) Malaisie
   c) Guyane

Réponses : 1a ; 2a ; 3b ; 4a.

La culture pas chiante

Quelle est la différence entre les regrets et les remords ?

On a des regrets lorsqu'on est mécontent d'avoir fait ou de ne pas avoir fait quelque chose ; on a des remords lorsqu'on est mécontent d'avoir agi de la mauvaise façon.

Tirez la chasse

LES RICHES TOUJOURS PLUS RICHES, LES PAUVRES ENCORE PLUS PAUVRES

Des inégalités « vertigineuses ». À l'approche du Forum économique mondial de Davos, un rapport d'Oxfam révéla que 1% des personnes les plus riches de la planète détiendrait plus de 50% du patrimoine mondial en 2015.

Dit autrement, cela signifie que les 80 personnes les plus riches de la planète détiendraient à elles seules autant que 3,5 milliards d'individus réunis.

Étude à l'appui, l'organisation non gouvernementale a informé que « la part du patrimoine mondial détenu par les 1% plus riches était passée de 44% en 2009 à 48% en 2014, et donc plus de 50% en 2016. »

Pissons de rire

Le nouveau papa entre dans la chambre de la jeune maman qui vient d'accoucher : l'enfant dans le berceau est magnifique mais ne ressemble pas vraiment à ses parents. Devant la mine interloquée de son mari, la maman s'explique :

– Mon amour, je comprends ta surprise, mais vois-tu, je sais pourquoi notre enfant n'est pas blanc. Tu sais que quand j'étais petite, mon père travaillait en Côte d'Ivoire comme coopérant à Grand-Bassam, et ma mère avait choisi une nourrice africaine, Lili. Les gènes de son lait sont passés directement dans mon sang et voilà pourquoi notre enfant est noir.

– Ah bon ? C'est pour ça ?

Le jeune papa va au téléphone annoncer la naissance de l'enfant à sa propre maman.

– Oh mon chéri, comme je suis heureuse, est-ce qu'il te ressemble ?

– Je suis l'homme le plus heureux de la Terre, il me ressemble beaucoup, à part qu'il est aussi noir que je suis blanc. Mais j'ai l'explication… Voilà : Est-ce que tu savais que quand ta belle-fille était petite, son père travaillait en Côte d'Ivoire comme coopérant, et sa mère avait choisi Lili, une nourrice noire. Les gènes de son lait sont passés dans son sang et voilà pourquoi notre enfant est aussi coloré.

– Ah oui, je comprends. C'est comme pour toi quand tu étais bébé, je t'ai nourri au lait de vache, les gènes ont du passer dans ton sang et c'est pour ça que tu as des cornes !

Je vois tout, je sais tout

RÉSOUDRE L'INSOLUBLE

« Chercher la quadrature du cercle » est une expression désignant un problème insoluble. Cette expression date de la fin du XVIIe siècle. En géométrie, le problème consiste à construire un carré de même aire qu'un cercle donné au moyen d'une règle et d'un compas. Ce qui, depuis l'Antiquité, soulève de multiples théories. Mais il a été démontré que c'était impossible. Ce problème reste aujourd'hui encore populaire, et de nombreux « quadrateurs » amateurs continuent d'envoyer leurs « démonstrations » – forcément erronées – aux académies scientifiques.

Le petit coin des listes

VILLES COMPORTANT LE PLUS DE GRATTE-CIEL

1. **Hong Kong** (Chine) : **1268**
2. **New York** (USA) : **603**
3. **Tokyo** (Japon) : **411**
4. **Chicago** (USA) : **296**
5. **Shanghaï** (Chine) : **254**
6. **Dubaï** (Émirats arabes unis) : **248**
7. **Toronto** (Canada) : **223**
8. **Singapour** (Singapour) : **171**
9. **Séoul** (Corée du Sud) : **157**
10. **Guangzhou** (Chine) : **154**
11. **Osaka** (Japon) : **151**
12. **Shenzhen** (Chine) : **135**
13. **Moscou** (Russie) : **127**
14. **Bangkok** (Thaïlande) : **126**
15. **Pusan** (Corée du Sud) : **109**

Fiche technique

KINGDOM TOWER

1 kilomètre de haut : la construction du plus haut gratte-ciel a débuté en 2013. Il est situé à Djeddah en Arabie Saoudite. Et c'est le groupe de BTP fondé par le père de Ben Laden qui en est le maître d'œuvre. En 2019, ce sera la tour la plus haute du monde :

1000 mètres de haut

530 000 m^2 au sol

Des fondations de 60 mètres de profondeur

200 étages

80 000 tonnes d'acier

59 ascenseurs

1,23 milliard de dollars de budget (890 millions d'euros)

La question de Dame Pipi

Quels sont les trois dictateurs qui ont été pressentis pour recevoir le prix Nobel de la Paix ?

Il s'agit ni plus ni moins de Mussolini, Hitler et Staline. Pour l'Italien, ce fut en 1935, pour l'Allemand en 1939, et pour Staline, il a été nominé par deux fois, en 1945 et 1948.

Pissons de rire

Une religieuse prend un taxi pour se rendre à Dunkerque et constate que le beau chauffeur n'arrête pas de la regarder. Elle lui demande pourquoi il la regarde si intensément.

– J'ai une question à vous poser, mais je ne voudrais pas vous offenser, lui dit-il.

– Mon fils, tu ne peux pas m'offenser. Quand tu auras mon âge et auras été une religieuse aussi longtemps que je l'ai été, tu auras vu et entendu à peu près tout. Je suis certaine que rien de ce que tu pourrais me dire ou me demander ne serait une offense.

– Eh bien, j'ai toujours eu le fantasme qu'une religieuse me donne un baiser.

– Bon, nous allons voir ce que nous pouvons faire. Premièrement, vous devez être célibataire et, deuxièmement, vous devez être catholique.

– Oui, je suis célibataire et je suis catholique ! lui répond le chauffeur, très excité.

– Alors très bien, tournez dans la prochaine contre-allée.

Et la religieuse comble le fantasme du chauffeur avec un baiser à faire rougir une prostituée. Alors qu'ils reprennent leur route, le chauffeur commence à pleurer.

– Mon cher enfant, dit la religieuse, pourquoi pleurez-vous ?

– Pardonnez-moi pour avoir péché. Je dois confesser que j'ai menti ; je suis marié et je suis juif.

– Ne vous en faites pas. Je m'appelle Alain et je vais au carnaval !

Pisse trois gouttes

Un geyser est un type particulier de source d'eau chaude située dans des champs volcaniques. L'eau jaillit par intermittence, en projetant à haute température et à haute pression de l'eau et de la vapeur. Le mot « geyser » tire ses origines de « Geysir », le plus célèbre geyser islandais, qui atteint 55 mètres de hauteur.

Le parc national de Yellowstone, situé dans le Wyoming (États-Unis), détient le record en nombre, puisque l'on y recense plus de 3000 geysers et 10 000 sources chaudes. Parmi eux, le « Géant », dont le jet atteint 60 mètres de hauteur. C'est un geyser néo-zélandais qui est cependant détenteur du record en hauteur : le Waimangu, éteint aujourd'hui, a propulsé un jet de 300 mètres de haut.

DES KILOS À PRENDRE

Rentrer dans la peau des personnages de cinéma n'est pas toujours facile. Les acteurs, pour être plus crédibles, sont prêts à mettre leur corps à dure épreuve. Ils ont tous grossi pour les besoins d'un rôle :

CHRISTIAN BALE : 45 kilos après le tournage de T*he Machinist* pour jouer dans *Batman Begins*

VINCENT D'ONOFRIO : 32 kilos pour *Full Metal Jacket*

ROBERT DE NIRO : 30 kilos pour incarner le boxeur Jake La Motta dans *Raging Bull*

JARED LETO : 28 kilos pour *Chapitre 27*

TONI COLLETTE : 21 kilos pour *Muriel*

VINCENT CASSEL : 28 kilos pour jouer *Mesrine*

SYLVESTER STALLONE : 19 kilos pour *Copland*

MICHAËL YOUN : 18 kilos pour *Incontrôlable*

SAMUEL LE BIHAN : 17 kilos pour les 2 films *Mesrine*

MICHEL BOUJENAH : 16 kilos pour *Le Nombril du monde*

ERIC BANA : 15 kilos pour *Chopper*

CHARLIZE THERON : 14 kilos pour *Monster*

GEORGE CLOONEY : 14 kilos pour *Syriana*

JAMES MCAVOY : 14 kilos pour *Wanted*

RALPH FIENNES : 13 kilos pour *La Liste de Schindler*

ROBERT DE NIRO : 12 kilos pour *Les Incorruptibles*

RENÉE ZELLWEGER : 10 kilos pour le premier *Bridget Jones*

Les astuces de Dame Pipi

TROIS PETITS TRUCS DE BRICOLAGE

- Vous devez arracher un clou rouillé ? Avant de forcer à outrance pour le sortir, enfoncez-le légèrement pour le « réveiller ». Ils sera plus facile à retirer.
- Pour atténuer l'odeur des peintures, parfumez-les selon vos goûts en ajoutant et mélangeant quelques gouttes d'huile essentielle (parfum au choix) dans vos pots de peinture. 10 gouttes par litre sont suffisantes.
- Pour boucher des trous de nœuds ou autres dans le bois extérieur avant de le teindre ou de le peinturer, il suffit d'appliquer du mastic pour carrosserie automobile.

"La réforme fiscale, c'est quand vous promettez de réduire les impôts sur les choses qui étaient taxées depuis longtemps et que vous en créez de nouveaux sur celles qui ne l'étaient pas encore."

Tirez la chasse

L'IMPORTANCE DES GARÇONS L'INUTILITÉ DES FILLES

Pourquoi le rose pour les filles et le bleu pour les garçons ? Ces pratiques apparurent aux Moyen Âge. Dans la tradition populaire, le bleu est le symbole de l'azur, de la voûte céleste et du paradis, il a le pouvoir de repousser les forces du mal. Emblème de loyauté, de fidélité, de pureté, mais aussi de sagesse et de fermeté, le bleu place donc sous une bonne étoile ceux qui portent des vêtements de cette couleur chargée de vertus bienfaitrices.

Ces croyances superstitieuses, qui s'amplifièrent continuellement tout au long du Moyen Âge, incitèrent les parents à habiller leurs fils de bleu. Non pour les distinguer des filles, mais avec pour objectif fondamental de les protéger du mal. Abandonnant ainsi les demoiselles à leur triste destin. Les rois en firent leur couleur. Le sang bleu était le sang royal, donc supérieur, comme étaient considérés les garçons à l'époque.

On finit toutefois par attribuer une couleur aux filles, le rose. Le rose comme le teint du nouveau-né, peut aussi signifier l'amour, la maternité, le sang, donc les règles. Et puis, selon une légende allemande, les filles ne naissent-elles pas dans les roses ?

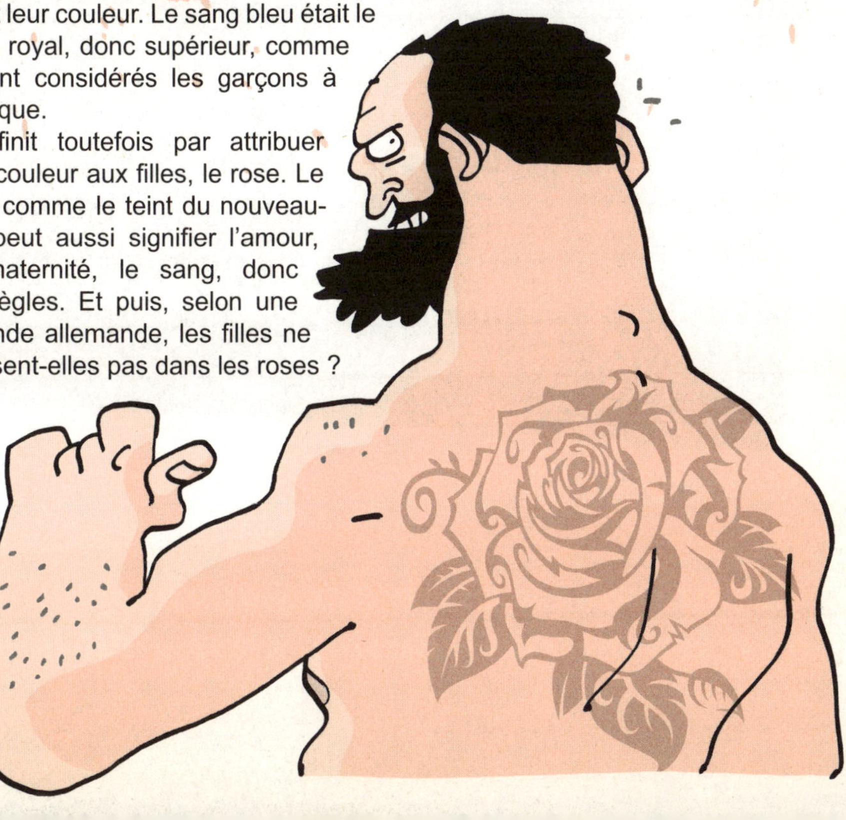

La question de Dame Pipi

Quel aliment n'est jamais périmé ?

Il s'agit du miel. Il est imputrescible et ne subit qu'une très lente altération s'il est enfermé dans un récipient bien hermétique, à température ambiante et à l'abri de la lumière. On peut donc quasiment conserver le miel ad vitam æternam. Il finit bien sûr par perdre de sa saveur, se colorer ou encore prendre de l'amertume. Mais des miels vieux de plus de 2000 ans ont été retrouvés et ils étaient encore comestibles.

"Si un homme offre des fleurs à sa femme sans raison, c'est qu'il a une raison."

[Marguerite Duras]

CLOVIS A BRISÉ LE VASE DE SOISSONS

Faux.

En 486, Clovis pille Soissons et les trésors sont rassemblés pour le grand partage du butin. L'évêque de Reims, saint Rémi, envoie un messager auprès du roi des Francs : il y a parmi le butin un vase sacré qui lui est très précieux et qu'il aimerait récupérer.

La règle des Francs est de tirer au sort la part de chacun parmi le butin. Avant que le tirage ne commence, Clovis demande à ses hommes que le fameux vase lui soit donné en plus de la part que le sort lui réservera. La plupart des guerriers sont d'accord, mais un Franc s'avance, lance au visage du roi : **« Tu n'auras que ta part »** et frappe le vase de sa francisque (sa hache).

La tradition veut que le vase fut brisé, alors qu'en réalité il ne fut que cabossé (c'était un vase de métal). Clovis ravale sa colère et fait donner à l'envoyé de saint Rémi ce qui reste du vase.

Au début de l'année suivante, Clovis passe ses troupes en revue avant de partir à la guerre. Il s'arrête devant l'homme qui a abîmé le vase. Il s'empare de ses armes, les examine et les jette à terre en lui reprochant leur mauvais entretien. Alors que le guerrier se baisse pour les ramasser, Clovis lève sa hache et lui fracasse la tête en disant : **« Souviens-toi du vase de Soissons ! »**

Pissons de rire

Un couple avait 2 garçons, un de 8 ans et l'autre de 10 ans, de vrais espiègles. Ils avaient fait à peu près tous les mauvais coups incroyables. Chaque fois que quelque chose se passait dans le village, les habitants savaient qui étaient les responsables.

La mère les avait punis, grondés, discuté avec eux, mais c'était peine perdue. Le père alors dit à sa femme :

– *Qu'est-ce que tu dirais si on demandait au curé de discipliner les deux espiègles ?*

Ils demandèrent donc au curé de discuter avec leurs enfants, chacun à son tour.

Le plus jeune se présenta donc au presbytère le lendemain matin, le curé le fit asseoir et immédiatement lança au jeune :

– *Où est Dieu ?*

Aucune réponse.

Le curé répéta :

– *Tu connais le bon Dieu ! Où est-il ?*

Toujours le silence.

Le curé, exaspéré par le silence du jeune, lança cette fois-ci de sa grosse voix autoritaire :

– *Pour la dernière fois, je te demande, où est Dieu ?*

Le jeune se leva, prit ses jambes à son cou et, sans s'arrêter, se sauva directement chez lui. En arrivant, il prit son frère par le bras, le tira jusque dans sa chambre, ferma la porte et, à bout de souffle, lui dit :

– *On est dans la merde, ils ont perdu le bon Dieu et ils pensent que c'est nous !*

Le petit coin des listes

CHÔMEURS, EXILEZ-VOUS !

Le Top 10 des Smic mensuels moyens les plus élevés dans l'Union européenne :

- **1er :** Au **Luxembourg**, le Smic mensuel moyen est de **1923** euros bruts par mois.
- **2e / 3e :** Ex-aequo, la **Belgique** et le **Pays-Bas** où le SMIC s'élève à **1502** euros bruts par mois.
- **4e :** En **Allemagne**, le SMIC est de **1473** euros bruts par mois.
- **5e :** En **Irlande**, il est de **1462** euros bruts par mois.
- **6e :** En **France**, le SMIC avoisine les **1458** euros bruts par mois.
- **7e :** En **Angleterre**, il est de **1379** euros bruts par mois.
- **8e :** En **Slovénie**, le salaire minimum est de **791** euros bruts par mois.
- **9e :** En **Espagne**, il est de **757** euros bruts par mois.
- **10e :** À **Malte**, il représente **720** euros bruts par mois.

L'UNIVERS EN CHIFFRES

$10^{100000000000}$: ce chiffre est si grand qu'il est inconcevable. Ce serait, selon les derniers modèles cosmologiques, la taille « minimale » de l'Univers. Il peut être utilisé avec n'importe quelle unité : nanomètre, kilomètre ou année-lumière.

13,7 milliards : c'est l'âge, en années, de « notre » Univers, apparu au moment du big bang.

96 : c'est le pourcentage d'inconnu dans l'Univers (22% de matière noire et 74% d'énergie sombre). La matière, qui constitue les astres, planètes, étoiles, nébuleuses et galaxies, ne représente que 4% du bilan total de masse et d'énergie de l'Univers.

1022 : dix mille milliards de milliards, voici le nombre approximatif d'étoiles que compte l'Univers visible. Chaque jour, environ dix milliards d'étoiles y naissent, tandis qu'un million d'autres explosent dans l'éclair fulgurant d'une supernova.

100 milliards : c'est, d'après les données statistiques, le nombre total de galaxies observables dans l'Univers visible. Seules quelques dizaines de millions d'entre elles ont été effectivement photographiées, il faudrait des siècles d'observation pour arriver à les enregistrer toutes.

– 270,4 : c'est la température moyenne du cosmos. Le zéro absolu lui, température au-dessous de laquelle rien ne peut descendre, équivaut à – 273,15°C. L'univers est donc de 22,725 degrés Celsius plus chaud. Ce faible reliquat de chaleur nous rappelle que l'Univers, jadis, fut infiniment plus dense et chaud.

4 millions : le nombre de tonnes de masse par seconde que perd le Soleil dans le cadre de sa fusion nucléaire.

9460 milliards : en kilomètres, c'est la distance que parcourt la lumière en une année.

5 milliards : en degrés, c'est la température du cœur d'une étoile supergéante quelques minutes avant qu'elle n'explose. Il n'existe pas, dans l'Univers, de température supérieure.

100 milliards : en années, c'est l'espérance de vie des plus petites étoiles du cosmos. Nées avec la première génération d'étoiles, ces naines rouges, cent mille fois moins lumineuses que le Soleil, se cachent, minuscules et invisibles, un peu partout dans la Voie lactée.

Le petit coin des jeux

1. De quelle œuvre de Shakespeare la fameuse réplique « *To be o not to be* » est-elle extraite ?
   a) *Hamlet*
   b) *Macbeth*
   c) *Le Roi Lear*
   d) *Othello*

2. Qui a écrit *L'Empire des loups* ?
   a) Marc Villard
   b) Alec Covin
   c) Jean-Christophe Grangé
   d) Maxime Chattam

3. À quel auteur doit-on la trilogie *Millenium* ?
   a) Camilla Läckberg
   b) Arnaldur Indridoason
   c) Åke Edwardson
   d) Stieg Larsson

4. Quel personnage a été créé par Maurice Leblanc ?
   a) Rouletabille
   b) Sherlock Holmes
   c) Maigret
   d) Arsène Lupin

Réponses : 1a ; 2c ; 3d ; 4d.

La question de Dame Pipi

Quelle est la différence entre un exilé fiscal et un évadé fiscal ?

L'exilé fiscal et l'évadé fiscal poursuivent le même but : échapper au fisc de leur pays d'origine. Mais alors que l'exilé fiscal adopte la nationalité d'un pays où les impôts sont moins lourds, l'évadé fiscal, lui, se contente de placer son argent dans un autre pays (sans le déclarer au fisc de son pays d'origine).
Même si l'exil fiscal relève d'une certaine immoralité, il n'est pas puni par la loi, contrairement à l'évasion.

Le petit coin des listes

QUE CONTIENT UN CORPS HUMAIN DE 70 KG ?

15,5 kg d'oxygène

12,6 kg de carbone

7 kg d'hydrogène

2,1 kg d'azote

1 kg de calcium

0,7 kg de phosphore

0,214 kg de potassium

0,175 kg de soufre

0,1 kg de sodium

0,07 kg de chlore

3 g de fer

3 g de magnésium

2 g de zinc

0,2 g de manganèse

0,15 g de cuivre

0,03 g d'iode, et des traces de cobalt, nickel, aluminium, plomb, étain, titane, fluor, brome et de l'arsenic

Pissons de rire

Une petite fille de 9 ans demande à sa maman :
– *Quel âge as-tu, Maman ?*
– *Cela ne se demande pas, ma chérie,* lui répond sa mère.
– *Combien tu mesures, Maman ?*
– *Cela n'est pas important, ma chérie,* reprend la mère.
– *Maman, pourquoi toi et papa avez divorcé ?* redemande la petite fille.
– *Cela ne te regarde pas, ma chérie,* dit la mère en terminant la discussion.
La petite fille demande à sa meilleure copine pourquoi les adultes ne parlent pas de ces choses-là.
Sa copine lui dit :
– *C'est vraiment simple, toutes les réponses à nos questions sont sur leur carte d'identité.*
Le lendemain, la petite fille fouille dans le sac à mains de sa mère et trouve sa carte d'identité.
Elle est ravie de voir que son amie disait vrai, toutes les réponses à ses questions s'y trouvent !
Elle court alors voir sa mère et lui dit :
– *Maman, je sais ton âge.*
– *Ah oui ? Et j'ai quel âge ?*
– *36 ans. Et je sais combien tu mesures.*
– *Ah oui ? Combien ?*
– *1 mètre 71. Et je sais aussi pourquoi toi et papa avez divorcé.*
– *Eh bien, cela m'étonnerait fort !*
– *Tu as eu un F en sexe… et ça, ce n'est vraiment pas une bonne note !*

VITRE EN SUCRE AU CINÉMA

Dans les films, les vitres qui explosent, ou à travers lesquelles passent les personnages, ne sont pas en verre mais le plus souvent en sucre pour éviter que les acteurs ne se blessent. Une méthode spéciale de fabrication permet de rendre le sucre transparent.

Amuse-toi en t'instruisant

« Ô CAPITAINE, MON CAPITAINE ! »

L'acteur, Robin Williams, mort l'année dernière, laisse derrière lui des films cultes mais aussi des pensées, des petites phrases que l'acteur a livrées tout au long de sa carrière :

« Peu importe ce que les gens pourront vous dire, les mots et les idées peuvent changer le monde. »

« Celui qui pense qu'on ne peut pas changer le passé, c'est qu'il n'a pas encore écrit ses mémoires. »

« Les gens disent que la satire est morte. Elle n'est pas morte. Elle est bel et bien vivante, au sein de la Maison-Blanche. »

« Le problème, c'est que Dieu nous donne un cerveau et un pénis, mais pas assez de sang pour faire fonctionner les deux à la fois. »

La question de Dame Pipi

Pourquoi les paquets de chips sont toujours à moitié vides ?

Lorsque les chips restent exposés longtemps à l'oxygène, ils deviennent rances et perdent leur croustillant. C'est pour cette raison que la moitié vide du paquet de chips est en fait remplie d'azote qui permet d'en préserver la fraîcheur et le croustillant.

« Si les femmes contrôlaient le monde, il n'y aurait aucune guerre… juste des négociations vraiment intenses tous les 28 jours. »

« Ah oui ! le mot divorce. Du latin : arracher les couilles d'un homme à travers son portefeuille. »

« À la naissance, on nous donne une étincelle de folie. On n'est rien si on la perd. »

« Arnold Schwarzenegger représente vraiment le rêve américain : vous venez en Amérique, vous soulevez des poids, vous faites des films, vous séduisez quelques femmes et vous êtes élu. »

« La mort est une façon pour la nature de te dire : le couvert est mis. »

« J'ai toujours pensé que le pire truc qui pourrait nous arriver, c'est de finir sa vie tout seul. Mais c'est faux. Le pire truc, c'est de finir sa vie entouré de personnes qui nous font nous sentir seul. »

La question de Dame Pipi

Quelle est la différence entre super et hyper ?

Super et hyper ont à l'origine la même signification : super veut dire au-dessus en latin, et hyper veut dire au-dessus en grec. Dans les faits cependant, hyper a plus de force que super, du moins lorsque les deux sont employés dans un même registre. Un hypermarché est par exemple plus grand qu'un supermarché. En revanche, on peut parler d'hyper-inflation pour désigner une forte inflation sans qu'il n'existe de « super-inflation ».

Le petit coin des jeux

1. Que fait un géographe ?
   a) Il observe et prélève des échantillons dans les sols
   b) Il analyse l'évolution des villes
   c) Il définit les limites d'un terrain ou d'une parcelle
   d) Il étudie la morphologie des sous-sols du globe terrestre

2. En quoi consistait le métier de blatier ?
   a) Vendeur de blé et autres grains
   b) Garde champêtre
   c) Fabricant de bouchons en liège
   d) Éboueur

3. Quel métier Simone Hérault est-elle la seule à exercer en France ?
   a) Créatrice de blagues Carambar
   b) Voix de la SNCF
   c) Goûteuse d'eau
   d) Éleveuse de poulpes

Réponses : 1b ; 2a ; 3b.

UN TRAVAIL POUR UN CHAT

Depuis 1929, le Trésor britannique verse un fonds spécial pour l'entretien d'un « Chief Mouser » (Souricier en Chef), un chat dont le rôle très officiel est de chasser les souris du cabinet du Premier ministre. Devenu une véritable institution en Angleterre, son actualité est fréquemment suivie par la presse britannique.

La création de ce poste remonte au XVIe siècle sous le règne d'Henri VIII. Les chats étant « employés » comme domestiques publics, ils n'appartiennent pas au Premier ministre en place.

Le chat à la plus grande longévité est Wilberforce, qui servit sous Edward Heath, Harold Wilson, James Callaghan et Margaret Thatcher.

Le Souricier en Chef actuel, « Larry », a été choisi pour ses compétences de chasseur de souris. Il a conquis le cœur des Britanniques qui lui envoient des cadeaux et des friandises quotidiennement.

La culture pas chiante

VACHES QUI RIENT

Les blagues « Vous avez deux vaches » sont originaires d'Amérique. Il s'agit en fait de blagues de potaches parodiant des exemples que les professeurs emploient dans leur cours d'introduction à l'économie.

Communisme. Vous avez deux vaches : vos voisins participent à leur entretien alors que vous n'avez rien demandé, vous vous partagez le lait et vous êtes censé être heureux.

Socialisme marxiste. Vous avez deux vaches : le gouvernement vous les prend et les met dans une étable avec les vaches d'autres éleveurs. Ensemble, vous devez entretenir toutes les vaches, et le gouvernement vous fournit le lait.

Socialisme français. Vous avez deux vaches : le gouvernement subventionne l'achat de la troisième, mais vous devez vendre les deux premières pour payer vos impôts.

Libéralisme. Vous avez deux vaches : vous achetez toutes les étables appartenant à l'État grâce à des lobbys payés avec du lait.

Capitalisme. Vous avez deux vaches : vous en vendez une, vous achetez un taureau pour faire des petits, finalement vous vendez l'étable par petites parts et les acheteurs vous exproprient.

"La seule fois où Rifkin et sa femme avaient connu un orgasme simultané, c'est au moment où le juge leur remit l'acte de divorce."

Capitalisme sauvage. Vous avez deux vaches : vous équarrissez l'une, vous forcez l'autre à produire autant que quatre, et vous licenciez finalement l'ouvrier qui s'en occupait en l'accusant d'avoir laissé la vache mourir d'épuisement.

Démocratie. Vous avez deux vaches : un référendum décide à qui appartient le lait, voire les vaches.

Démocratie représentative. Vous avez deux vaches : une élection désigne celui qui décidera à qui appartient le lait.

Dictature. Vous avez deux vaches : le gouvernement les prend toutes les deux et vous fait fusiller.

Fascisme. Vous avez deux vaches : le gouvernement les prend toutes les deux, puis vous emploie pour vous en occuper et vous vend le lait au prix du salaire qu'il vous paie.

Anarchisme. Vous avez deux vaches : vous les laissez se traire toutes seules.

Écologisme. Vous avez deux vaches : vous gardez le lait et le gouvernement vous achète la bouse.

Le savais-tu ?

LES G QUOI ?

Le G7 fut le G6 mais devint le G8 avant de redevenir le G7.
Le G20 ne fut que 19, il fut aussi G22 puis devint G33.
Ne parlons pas du G5, du G77 et du G24.
De quoi en perdre son latin !

Retenons que les G (groupes) dans l'espace international veulent tous avoir un rôle actif dans la mondialisation et la gouvernance mondiale.
Le plus ancien est le G7 (créé lors de la crise économique entraînée par le premier choc pétrolier) qui réunit les grands pays avancés (États-Unis, Japon, Allemagne, France, Royaume-Uni, Italie, Canada). Quand la Russie se rajouta au groupe, il devint effectivement le G8. Mais, suite à la crise de Crimée en 2014, Angela Merkel affirma implicitement que la Russie n'avait plus sa place dans le groupe. Et hop ! Retour au G7. Ces rencontres sont contestées par des mouvements altermondialistes qui remettent en cause la légitimité du G7 et l'accusent de vouloir « diriger le monde », au mépris des autres pays, pour imposer selon eux une politique d'inspiration néolibérale.
Puis il y eut le G20. Sa création date du 25 septembre 1999. Elle est due à l'initiative des pays développés afin de coordonner les politiques économiques alors que sévissaient les crises financières asiatiques.
Aujourd'hui, les G7 et G20 réunis abordent des thèmes plus variés : émissions de gaz à effet de serre, aide au développement, lutte contre l'immigration illégale ou la corruption, prix des matières premières

"Il faut essayer beaucoup de grenouilles, avant de trouver le prince charmant."

[Anonyme]

LES MEMBRES ACTUELS DU G20

- Afrique du Sud
- Allemagne
- Arabie Saoudite
- Argentine
- Australie
- Brésil
- Canada
- Chine
- Corée du Sud
- États-Unis d'Amérique
- France
- Inde
- Indonésie
- Italie
- Japon
- Royaume-Uni
- Mexique
- Russie
- Turquie
- Union européenne

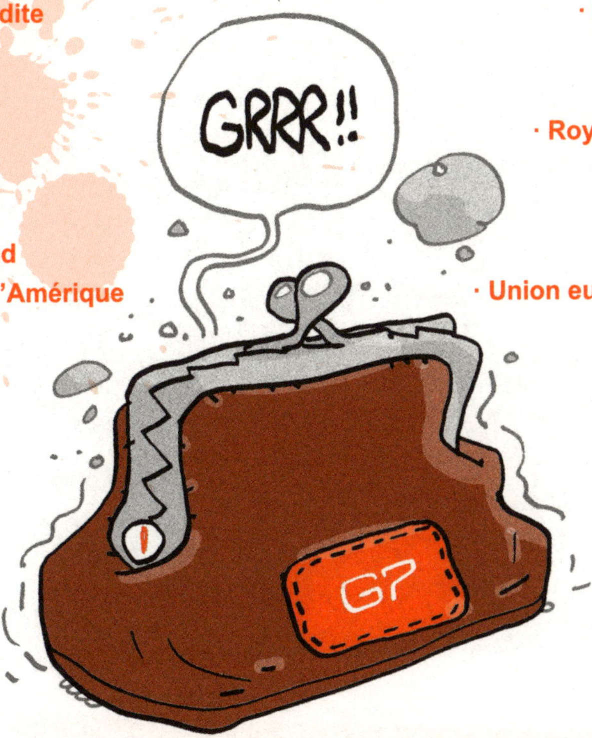

La culture pas chiante

LA MALADIE DU LUNDI, ÇA EXISTE

La « maladie du lundi » (*Monday Disease*) fut, au XIXe siècle, un mal de tête récurrent apparaissant chaque lundi chez les ouvriers produisant de la dynamite. On découvrit que c'était la nitroglycérine dans la dynamite qui créait une vasodilatation des artères, à l'origine des symptômes. Elle n'apparaissait que le lundi car les autres jours de la semaine, sauf le dimanche, les ouvriers développaient une accoutumance leur permettant de ne plus ressentir de maux de tête.

Pissons de rire

Un homme est tranquillement assis et regarde la télévision. Tout à coup, sa femme arrive par-derrière et lui donne un coup sur la tête avec une casserole !
– *Pourquoi tu me frappes ?* demande-t-il…
– *En lavant tes pantalons tout à l'heure, j'ai trouvé un bout de papier avec, écrit dessus, Marilou !*
– *Oh ! C'est parce que la semaine dernière je suis allé aux courses de chevaux et le cheval sur lequel j'ai gagné s'appelait Marilou, je voulais me souvenir du nom…*
La femme semble satisfaite et s'excuse.
Trois jours plus tard, l'homme regarde la télévision et sa femme le frappe encore sur la tête par-derrière à l'aide d'une casserole.
– *Mais qu'est-ce qui te prend ?*
– *Ton cheval a téléphoné !*

La question de Dame Pipi

Quelle est la différence entre la thalassothérapie et la balnéothérapie ?

La thalassothérapie s'appuie sur les bienfaits de l'eau de mer, alors que la balnéothérapie utilise de l'eau douce.

"La bave du crapaud n'empêche pas la caravane de passer !"

[Michel Audiard]

Trop fort

Le logo de Nike, surnommé « Swoosh », sorte de virgule posée à l'envers à l'horizontale, est probablement le logo le plus connu au monde. Il fut créé en 1971 par une étudiante en art graphique, et vendu pour seulement 35 dollars. Il représente une aile de la déesse grecque Niké.

Il fallut 10 ans à Nike pour récompenser la créatrice du logo, Carolyn Davidson. Elle reçut une bague représentant le logo avec un diamant, ainsi que des actions de la société.

Amuse-toi en t'instruisant

CHERCHEZ LA LOGIQUE

Un paradoxe est une idée ou une proposition à première vue surprenante, allant contre le sens commun, contraire à la logique. Le paradoxe est souvent utilisé par les philosophes pour nous révéler la complexité inattendue de la réalité. En voici quelques exemples :

- **Le paradoxe de l'œuf et de la poule en biologie :** Qu'est-ce qui est apparu en premier, l'œuf ou la poule ?
- **Le paradoxe du chat beurré :** On sait qu'un chat retombe toujours sur ses pattes et qu'une tartine beurrée tombe toujours

Le petit coin des jeux

1. Avec l'avidité et la colère, quel est le « troisième poison » du bouddhisme ?
   a) L'athéisme
   b) La luxure
   c) La paresse
   d) L'ignorance

2. Comment se nomme la fête des Lumières, considérée comme le « Noël juif » ?
   a) Pessah
   b) Souccot
   c) Pourim
   d) Hanoucca

3. Qu'est-ce que le paradis pour un musulman ?
   a) Le ciel
   b) Un jardin
   c) L'argent
   d) La Terre

4. Que célèbre-t-on à la Toussaint ?
   a) Le muguet
   b) L'automne
   c) Les saints
   d) Le travail

Réponses : 1d ; 2d ; 3b ; 4c.

du côté du beurre. Mais que se passera-t-il si l'on attache une tartine beurrée (face beurrée orientée vers l'extérieur) sur le dos d'un chat, et que l'on lâche le chat depuis une hauteur importante ?

- **Le paradoxe du gruyère :** Plus il y a de fromage, plus il y a de trous ; or plus il y a de trous, moins il y a de fromage ; donc plus il y a de fromage, moins il y a de fromage.
- **Le paradoxe du grand-père :** Un voyageur temporel se projette dans le passé et tue son grand-père avant même que ce dernier ait eu des enfants. De ce fait, il n'a donc jamais pu venir au monde. Mais, dans ce cas, comment a-t-il pu effectuer son voyage et tuer son grand-père ?

Les astuces de Dame Pipi

Ne jetez plus les blancs d'œuf. Dans un récipient hermétique, ils peuvent se conserver quatre jours maximum au réfrigérateur. Mais vous pouvez aussi les mettre à congeler dans un bac à glaçons où ils se conserveront pendant 6 mois à 1 ans. Ils pourront vous servir pour des recettes allégées ou des meringues. Pour les décongeler, laissez-les une nuit au réfrigérateur.

Le savais-tu ?

L'arbre aux quarante écus, l'abricotier d'argent ou ginkgo, fait partie de la plus ancienne famille d'arbres connue, puisqu'elle serait apparue il y a plus de 270 millions d'années, bien avant les dinosaures. Sa durée de vie peut excéder 1000 ans. Cet arbre est si résistant qu'il fut l'une des rares espèces à ne pas avoir souffert de l'explosion de la bombe atomique, le 6 août 1945, à Hiroshima.

"La peur de tomber : voilà ce qui fait grimacer les pendus."

[Pierre Dumayet]

NÉRON ÉTAIT-IL PYROMANE ?

Le 19 juillet 64 éclata le grand incendie de Rome. Néron était alors en vacances dans sa ville natale, mais il dut revenir en toute hâte. L'incendie fit rage durant six jours. La rumeur circula que Néron aurait joué de la lyre et chanté au sommet du Quirinal, pendant que la ville brûlait.

Les mêmes récits nous décrivent un empereur ouvrant ses palais pour offrir un toit aux sans-abri et organisant des distributions de nourriture. Mais Néron perdit la confiance des Romains en rendant trop vite publics ses projets de reconstruction de Rome dans un style monumental.

La population désorientée cherchait des boucs émissaires, et bientôt des rumeurs tinrent Néron pour responsable. Le Sénat décréta sa mort le 6 juin 68. Néron, en se suicidant, se serait exclamé : « *Qualis artifex pereo !* » (« Quel artiste périt avec moi ! »)

La culture pas chiante

FRÉQUENCE DE L'EST

Radio Erevan, ou Radio Arménie, était une blague très répandue en Union soviétique et dans d'autres pays d'Europe de l'Est pendant la seconde moitié du XXe siècle. Un auditeur pose une question, en demandant par exemple s'il y a une différence entre communisme et capitalisme, et la radio répond « en principe, oui », avant d'argumenter le contraire.

Voici Radio Erevan. Un de nos auditeurs demande : « Est-ce que l'on peut faire 10 ans de prison pour avoir dit que Brejnev est un idiot ? »
Nous avons répondu : « En principe, oui, parce que c'est un secret d'État. »

Q : Est-il vrai que la moitié du Comité central du Parti communiste est constituée d'idiots ?
R : Ce n'est pas vrai. La moitié d'entre eux ne sont pas idiots.

Q : Est-il vrai que le capitalisme est au bord de l'abîme ?
R : En principe oui, mais nous sommes en train de les rattraper.

Q : Comment se fait-il qu'il y a un ministre de la Marine en Arménie, alors qu'il n'y a pas de mer ?
R : C'est pour imiter l'Azerbaïdjan. Ils ont un ministre de la Culture.

Q : Les habitants de l'URSS étaient-ils égaux ?
R : Oui, mais certains l'étaient plus que d'autres.

La question de Dame Pipi

Quelle est la différence entre l'ivoire et la dentine ?

L'ivoire et la dentine sont la même matière, présente dans les dents et les défenses des mammifères. On utilise un mot ou l'autre en fonction du contexte : pour les défenses d'éléphant, on parlera d'ivoire, mais pour les dents humaines, on parlera de dentine.

Q : Qu'y a-t-il de permanent en URSS ?
R : Les problèmes temporaires.

Q : Comment faire une blague avec un seul mot ?
R : Communisme.

Q : Quelle est la plus longue blague du monde ?
R : Le discours de Khrouchtchev au Congrès du Parti.

Q : Pourquoi notre gouvernement est-il si peu pressé d'envoyer nos hommes sur la lune ?
R : Car ils pourraient ne plus vouloir revenir.

Q : Qu'est-ce que le chaos ?
R : Nous ne commentons pas l'économie politique.

Q : Qu'est-ce que le business à la russe ?
R : Voler de la vodka, la revendre et boire toute la recette.

Le savais-tu ?

LES ROBINSONNADES

Le roman *Robinson Crusoé* écrit par Daniel Defoe est inspiré d'une histoire vraie. En 1704, suite à un désaccord avec son capitaine, un marin écossais, Alexandre Selkirk, se fit exiler sur une île, au large des côtes chiliennes où il vécut seul pendant 4 ans. À son retour il fit écrire son récit, qui inspira le célèbre roman. En 1966, l'île Mas-a-Tierra fut rebaptisée l'île Robinson Crusoé.
Depuis sa parution, l'œuvre de Defoe n'a cessé de susciter de nouvelles variations sur ce thème. La robinsonade (ou robinsonnade) est un genre littéraire, sur l'exemple de *Robinson Crusoé* : isolement du ou des héros, généralement sur une île déserte ou inconnue, à la suite d'un accident. Les personnages doivent alors improviser des moyens de survie dans un univers souvent hostile.

QUELQUES LIVRES :

Jules Verne : *L'Ile mystérieuse, L'École des Robinsons, Deux ans de vacances*
Jean Giraudoux : *Suzanne et le Pacifique*
William Golding : *Sa Majesté des mouches*
Robert Merle : *L'Ile, Maleville*
Michel Tournier : *Vendredi ou les limbes du Pacifique*
Michel Tournier : *Vendredi ou la vie sauvage*

Le petit coin des jeux

1. Dans quelle ville siège la Banque centrale européenne ?
   a) Strasbourg
   b) Bruxelles
   c) Luxembourg
   d) Francfort

2. Comment appelle-t-on un message électronique intempestif ?
   a) Elfe
   b) Spam
   c) Virus
   d) Cookie

3. En espagnol, que signifie le mot *corazón* ?
   a) Chorizo
   b) Chemin
   c) Château
   d) Cœur

4. Quelle est la capitale du Gabon ?
   a) Libreville
   b) Accra
   c) Khartoum
   d) Conakry

Réponses : 1d ; 2b ; 3d ; 4a.

Arto Paasilinna : *Prisonniers du paradis*
Saint-John Perse : *Images à Crusoé*
Sylvain Tesson : *Dans les forêts de Sibérie*
Patrick Chamoiseau : *L'Empreinte à Crusoé*
Umberto Eco : *L'Ile du jour d'avant*

QUELQUES FILMS :
Seul au monde, de Robert Zemeckis avec Tom Hanks
Perdus dans l'espace, série américaine
Lost : Les Disparus, série de J. J. Abrams, Damon Lindelof et Jeffrey Lieber
Into the Wild, de Sean Penn
Le Territoire des loups, de Joe Carnahan
L'Odyssée de Pi, de Ang Lee
Les Chemins de la liberté, de Peter Weir

Le petit coin des listes

LES INSECTES EN CHIFFRES

350 millions d'années : premiers insectes microscopiques annelés à 6 pattes, sans ailes.

320 millions d'années : les insectes sont omniprésents. Les nombreux fossiles retrouvés en témoignent.

1 million d'espèces ont été recensées par les scientifiques. Il pourrait en exister 30 millions.

Les insectes représentent **1/3 des espèces** animales connues.

70 cm était la taille des libellules il y a **285 millions d'années**.

19 cm est la taille actuelle des libellules.

4000 espèces de cafards sur la planète.

3000 espèces de moustiques dans le monde.

1 seul insecte marin.

2500 espèces d'éphémères. Elles constituent le groupe d'insectes ailés le plus primitif.

Les astuces de Dame Pipi

RECETTE POUR BLANCHIR LES DENTS RAPIDEMENT

Mélangez un peu de dentifrice avec une 1 cuillerée à café de bicarbonate de soude, 1 cuillerée à café d'eau oxygénée et 1/2 cuillerée à café d'eau.

Brossez-vous les dents pendant 2 min avec ce produit.

Renouvelez l'opération 1 fois par semaine jusqu'à ce que vous obteniez les résultats souhaités.

Une fois que vous avez les dents blanches, limitez le brossage avec ce traitement à 1 fois par mois ou tous les 2 mois.

2000 espèces de mantes ont été décrites dans le monde.

2000 espèces de termites sont recensées.

280 000 insectes appartenant à l'ordre des hyménoptères (abeille à miel, abeille solitaire, guêpe, bourdon et fourmi).

300 000 coléoptères connus (scarabées, coccinelles, lucanes, chrysomèles, hannetons, charançons, carabes).

2000 espèces de grillons dans le monde.

300 fois sa propre hauteur. La puce est une championne en saut.

1500 mètres est la longueur maximale d'un seul fil de soie du bombyx du mûrier.

28 000 ommatidies ou facettes pour les yeux des libellules.

2000 espèces sur un seul arbre : l'épicéa est une véritable HIM (Habitation à Insectes Mélangés).

3 fois plus de protéines dans les sauterelles (**70%** de leur masse) que dans le poulet (**23%**). Les insectes sont considérés comme la solution dans la lutte contre la famine.

1200 : c'est le prix en euros d'**un kilo** de sauterelles poêlées au miel, recette écossaise accompagnée de dattes et de poivrons.

Pissons de rire

Un beau matin, un enfant demande à son père :

– Papa, comment je suis né ?

– Très bien, mon fils, il fallait bien que l'on en parle un jour. Les abeilles, les fleurs, les choux, les petites graines… tout cela est complètement dépassé ! Soyons modernes… Voici donc ce qu'il faut que tu saches : Papa et Maman se sont connectés sur Facebook. Papa a envoyé un mail à Maman, afin de lui fixer rendez-vous dans un cybercafé. Ils ont découvert qu'ils étaient compatibles, en ayant beaucoup de choses en commun. Papa et Maman ont alors décidé de faire un partage de fichiers. Ils se sont dissimulés dans les toilettes, et Papa a introduit sa clé USB dans le port USB de Maman. Lorsque Papa fut prêt pour le téléchargement, Papa et Maman réalisèrent qu'ils n'avaient pas mis de pare-feu. Hélas, il était trop tard pour annuler le transfert et il était impossible d'effacer les données.

C'est ainsi que, neuf mois plus tard, le petit virus est apparu…

Tirez la chasse

Alors que la xénophobie désigne la haine des étrangers quelle que soit leur origine, le racisme est le fait de penser qu'il existe des races humaines et que certaines sont supérieures aux autres.

La culture pas chiante

« Labourage et pâturage sont les deux mamelles de la France »

Cette phrase a été prononcée par Sully (1560-1641), l'ami et le ministre du roi Henri IV. En arrivant sur le trône, Henri IV confie à Sully le soin de réorganiser les finances de l'État. Ce dernier favorise tout particulièrement le développement de l'agriculture, aux dépens des industries de luxe que souhaitait privilégier Henri IV.

Dans ce but, il prend de nombreuses mesures en faveur des paysans : bétail et outils de travail deviennent insaisissables, construction de voies de communication, facilitation des acquisitions de biens communs et de l'exportation du blé et du vin.

Toutefois, les paysans restent encore bien souvent misérables et peu ont le loisir de déguster chaque dimanche la poule au pot…

Je vois tout, je sais tout

RETOURNONS À L'ÉCOLE

Les fautes les plus courantes :

CECI OU CELA

Ceci : Pour quelque chose que l'on n'a pas encore évoqué, s'emploie pour annoncer ce qui va suivre : « Écoutez bien ceci, il est interdit de jouer avec le feu. »
Ceci désigne ce qui est proche de la personne qui parle : « Tiens, prends ceci ! »

Cela : Pour quelque chose dont on a déjà parlé, fait référence à ce qui précède : « Il est très en retard, cela m'inquiète. »

SECOND OU DEUXIÈME

Le mot « deuxième » est employé lorsque l'énumération va (ou est susceptible de) continuer avec les mots « troisième», « quatrième », etc. : la deuxième règle, le deuxième commandement, le deuxième équipier...
Le mot « second » est employé uniquement lorsque l'énumération s'arrête en toute logique à deux : la Seconde Guerre mondiale (à notre connaissance il n'y en a pas eu de troisième), le Second Empire, la seconde mi-temps (il en existe bien une troisième, mais elle n'est pas officielle !)

"L'âge mûr de l'homme s'apparente à celui des poires. Dans les deux cas, c'est la queue qui lâche."

[Simon Berryer, dit Sim]

ELLE S'EST PERMIS ET NON PAS ELLE S'EST PERMISE

Si l'on dit « se permettre de + verbe à l'infinitif » : dans ce cas, il n'y a jamais d'accord.
Exemple : elle s'est permis de t'appeler => Elle s'est permis quoi ? de t'appeler...
Le COD se situe après le verbe, il n'y a donc pas d'accord.

Le petit coin des jeux

1

Pour moi, l'accouchement vient avant la grossesse, l'enfance avant la naissance, l'adolescence avant l'enfance, la mort avant la vie…

Que suis-je ?

2

Effectuer les calculs suivants :
Prendre 1000 et y ajouter 40. Ajouter 1000.
Ajouter encore 30 et à nouveau 1000.
Ajouter 20. Ajouter 1000, puis 10.

Quel est le total ?

3

Dans une pièce, il y a trois ampoules éteintes. Dans le couloir, il y a les trois interrupteurs qui permettent de les allumer. Depuis le couloir, il est impossible de voir les ampoules. On a le droit d'aller une seule fois dans la pièce.

Peut-on retrouver quel est l'interrupteur de chaque ampoule ?

Réponses :

1- Un dictionnaire.

2- Vous avez trouvé 5000 ? C'est normal, mais la bonne réponse est 4100…
Explication : pour les premières opérations, on calcule juste sur le chiffre des dizaines et celui des milliers.

3- Appuyer sur un premier interrupteur et attendre 2 minutes. Puis éteindre. Appuyer sur un second interrupteur. Aller dans la pièce. L'ampoule chaude correspond au premier interrupteur, l'ampoule allumée au second et la troisième ampoule correspond évidemment à l'interrupteur que l'on n'a pas manipulé.

"Les hommes aiment les gros seins et les gros compliments."

[Françoise Chandernagor]

LE VAUTOUR QUI SE PRENAIT POUR ICARE

À quelle altitude volent les oiseaux dans le ciel ? La plupart des oiseaux volent seulement à quelques centaines de mètres au-dessus du sol. Les oiseaux migrateurs volent parfois beaucoup plus haut pour profiter des vents favorables.

Le condor des Andes atteint une altitude de 6500 mètres.

Des cygnes ont aussi été repérés à plus de 8000 mètres au-dessus du sol.

L'oie à tête barrée survole les montagnes de l'Himalaya à plus de 10 000 mètres d'altitude.

Le record d'altitude est détenu par un malheureux vautour qui est entré en collision avec un jet au-dessus de l'Afrique de l'Ouest à 11 300 mètres.

Pissons de rire

Un couple fait refaire les peintures de son appartement. Le soir, en rentrant du bureau, le mari, croyant que c'est sec, met la main sur une porte et laisse des traces de doigts. Le lendemain, quand le peintre arrive, la femme lui dit :

– *Venez dans la chambre, je vais vous montrer l'endroit où mon mari a mis la main hier soir…*

Et l'autre répond :

– *Sans vouloir vous vexer, Madame, je préférerais un verre de vin…*

Les conseils de Dame Pipi

Pour estomper vos rides, il suffit de verser un peu d'huile de ricin sur un coton ou une lingette démaquillante et de l'appliquer sur les zones atteintes. À faire de préference le soir, l'huile aura ainsi le temps d'agir, et vous pourrez nettoyer les surplus le lendemain matin.

L'huile de ricin aussi appelée « castor oil » contient de la vitamine E, qui retarde le vieillissement des tissus.

"Ne remets pas à demain ce que tu peux faire après-demain."

[Alphonse Allais]

Trop fort

ATTENTION AUX ABUS D'ALCOOL

On pourrait penser qu'Attila le Hun, chef mongol dont il a été dit que « là où il passe, l'herbe ne repousse pas », serait mort au combat ou de vieillesse après avoir conquis de nombreux territoires. En fait, il mourut lors de sa nuit de noces d'un saignement de nez après avoir probablement trop bu. Comme le guerrier était couché sur le dos, le sang descendit dans la gorge et l'étouffa. Il fut enterré secrètement dans un triple cercueil d'or, d'argent et de fer. Les esclaves qui creusèrent sa tombe furent tous égorgés afin qu'elle ne soit jamais découverte et profanée. Son emplacement reste encore inconnu au XXIe siècle.

Pisse trois gouttes

Le mot *tsunami* veut dire en japonais « vague de port » ou « vague portuaire ». Elle fut nommée ainsi par les pêcheurs quand, n'ayant rien perçu d'anormal au large, ils retrouvaient leur ville portuaire ravagée.

Les conseils de Dame Pipi

À QUEL MOMENT DU REPAS BOIRE DU CHAMPAGNE ?

Le champagne est bu en priorité à l'apéritif, et sur le principe tout au long du repas, si le menu s'y prête. L'erreur à éviter est de servir le champagne avec les desserts. Le sucre de ces derniers et la forte acidité du vin font rarement bon ménage, sans parler de l'amertume du cacao. Dans ce cas, et si le caractère festif des bulles est requis, pensez aux champagnes demi-secs qui apporteront juste ce qu'il faut de douceur pour un bel équilibre en bouche tout en donnant un accord très frais.

"Pourquoi essayer de faire semblant d'avoir l'air de travailler ? C'est de la fatigue inutile !"

DES TERRITOIRES SONT PARFOIS DÉSIGNÉS AU MOYEN DE PÉRIPHRASES DONT LES ORIGINES SONT DIVERSES, APPELLATIONS LOCALES ANCIENNES :

- **Alsace :** le pays des cigognes
- **Archipel des Tuamotu :** les îles dangereuses
- **Auvergne :** le pays aux volcans
- **Beauce :** le grenier de la France
- **Bora-Bora :** la perle du Pacifique
- **Corse :** l'île de beauté
- **Côte d'Azur :** la Crimée française
- **Guadeloupe :** l'île aux belles eaux (Kakukera), Gwada
- **Lozère :** le pays des sources
- **Martinique :** Madinina ou l'île aux fleurs
- **Mayotte :** l'île aux parfums
- **Nouvelle-Calédonie :** le Caillou
- **Provence :** le pays des cigales
- **La Réunion :** l'île intense
- **Saint-Pierre-et-Miquelon :** les îles des onze mille vierges, pour les colons français
- **Tahiti :** la Nouvelle-Cythère, pour les navigateurs français
- **Touraine :** le jardin de la France (depuis la fin du XVe siècle)

La culture pas chiante

INVENTIONS VITALES

• **Transfusion sanguine :** les toutes premières transfusions sanguines interhumaines furent tentées en Angleterre par le Professeur James Blundell, en 1818. Mais comme les groupes sanguins n'avaient pas encore été découverts, la moitié des patients décédaient.

• **Groupes sanguins :** en 1900, l'Autrichien Karl Landsteiner découvre qu'il existe quatre groupe sanguins : A, B, AB et O.

• **Pénicilline :** c'est par accident, en 1928, que l'Écossais Alexander Fleming a découvert la pénicilline. Alors qu'il avait mis des bactéries en culture, elles furent contaminées par de la moisissure. En observant les souches, il découvrit que la moisissure agissait en supprimant les bactéries. Les antibiotiques allaient naître quelques années plus tard.

Pisse trois gouttes

George Best, Ballon d'Or 1968 surnommé « le Cinquième Beatles », est l'une des icônes du football moderne. Lors de sa mort en 2005, il a reçu un hommage appuyé de ses fans avec cette banderole : « Maradona good, Pelé better, George Best ».

"Il est dangereux de se baigner moins de trois heures après avoir mangé des champignons vénéneux."

[François Cavanna]

• Antibiotiques : les antibiotiques furent découverts en 1940 par les chercheurs britanniques Howard Florey et Ernst Chain, qui reprirent les travaux de Sir Alexander Fleming sur la pénicilline. Ils réussirent à la purifier pour l'utiliser à guérir des malades. Les antibiotiques étaient nés.

• Vaccins : même si les premiers vaccins sont apparus en Chine dès le XIe siècle, on doit le premier vaccin réellement efficace au médecin anglais Edouard Jenner. En 1796, celui-ci injecta à un enfant le virus de la variole des vaches, dans l'espoir de l'immuniser contre la variole des humains. L'opération fut un succès et ce vaccin fut utilisé dans toute l'Europe, ce qui éradiqua presque totalement la maladie. Vaccin vient d'ailleurs de *vaccinus*, qui veut dire « vache ».

Pisse trois gouttes

Une exoplanète est une planète qui ne fait pas partie du système solaire. Les planètes du système solaire sont celles qui tournent autour du Soleil :

Mercure
Vénus
La Terre
Mars
Jupiter
Saturne
Uranus
Neptune

Les astuces de Dame Pipi

SI VOTRE POISSON EST TROP SEC

Badigeonnez-le avec un mélange beurre-citron, puis saupoudrez-le de coriandre hachée, de marjolaine ou de sarriette. La sauce va ajouter de l'humidité, et des herbes « rafraîchissantes » comme celles-ci de la saveur.

“L'éléphant se laisse caresser.
Le pou, non.”

[Lautréamont]

La question de Dame Pipi

POURQUOI LA MER EST-ELLE SALÉE ?

Il y a près de 4 milliards d'années, bien avant toute forme de vie terrestre, l'air qui entourait notre planète était irrespirable. Il était saturé de gaz toxiques et de vapeur d'eau, recrachés sans cesse par les nombreux volcans. Lorsque la Terre s'est refroidie, ces gaz se sont condensés et transformés en pluies acides. En tombant, ces pluies ont érodé les roches de la croûte terrestre, et ce pendant cent millions d'années : elles leur ont « arraché » leurs sels puis les ont transportés dans les océans primitifs. L'association du sodium avec le chlore présent dans ces océans a formé le chlorure de sodium, autrement dit le sel. L'eau reste constamment salée car le sel ne s'évapore pas, au contraire il s'accroche aux particules argileuses et aux rochers qui forment le fond des mers et des océans.

On trouvera les eaux les plus salées dans les régions les plus chaudes du globe comme en Méditerranée, ou dans les mers fermées comme la mer Morte. Dans ces régions, l'eau s'évapore beaucoup plus et il pleut rarement. Le sel, lui, est toujours là, mais dans moins d'eau.

Les confidences de Dame Pipi

LES INVENTIONS DE *RETOUR VERS LE FUTUR 2*

Dans ce film produit par Steven Spielberg en 1989, les héros Marty et Doc voyagent vers le futur jusqu'en 2015. Alors comment les scénaristes ont-ils imagé nos vies actuelles ? Ont-ils eu raison ?

• **Le sono inducteur** par projections d'ondes alpha qui efface la mémoire = n'existe pas.

• **La serrure biométrique à empreinte digitale** = existe.

• **Le paiement par empreintes digitales.** Si la sécurité biométrique n'est pas nouvelle, payer avec son majeur n'est, en revanche, pas encore très répandu. Mais Apple a intégré cette technologie à son iPhone 5S, sur lequel il est possible de régler ses achats grâce à la reconnaissance digitale.

• **Mr fusion** (fabrication de carburant avec des déchets) = n'existe pas. Il existe bien le biométane, ou biogas, mais le processus est long et bien plus compliqué que la machine présentée dans le film.

• **Le micro-ondes Black & Decker hydrator** dans lequel une pizza de 10 cm de diamètre s'agrandit et cuit = n'existe pas.

• **L'ortho lev**, une ceinture volante qui vous maintient à l'envers en vous faisant flotter, pour soigner une tour de reins = n'existe pas.

• **Les lunettes téléphone** = on y est presque avec les lunettes Google.

• **Les vêtements intelligents**, manches qui s'adaptent à votre

"L'homme est absurde par ce qu'il cherche, grand par ce qu'il trouve."

[Paul Valéry]

taille, lacets qui se lacent tout seuls… En 2011, Nike commercialisait déjà ses Air Mag inspirées du design des baskets de Marty. La marque a prévu de faire encore mieux en les dotant des fameux « power laces ». Il s'agirait d'un « système de laçage automatique ». La date de commercialisation prévue : le 21 octobre 2015, à 16h29, date à laquelle Marty débarquait dans le futur dans le film.

- **La télévision du futur**, écran plat, mosaïque, visiophone = existe.

- **Le mattel hover board**, une planche de skate volante = existe presque avec le Hendo qui fonctionne sur le principe de la lévitation magnétique.

- **Les voitures volantes** = l'Aeromobil, par une entreprise slovaque, est le prototype le plus avancé au monde. Il peut évidemment circuler sur route, mais ses ailes rétractables lui permettent aussi de planer. Une piste de 250 mètres lui suffit pour décoller, 50 mètres pour atterrir.

Pissons de rire

Un Allemand qui visite Paris s'arrête à côté de deux types qui attendent un bus.

– *Entschuldigung, bitte, sprechen Sie Deutsch ?* demande-t-il.

Les deux Français le regardent en silence.

– *« Spreekt u misschien Nederlands ? »*

Les deux Français ne bougent pas…

L'Allemand essaie alors :

– *Sorry, do you speak English ?*

Les deux autres continuent à le regarder.

– *Parlare Italiano ?*

Pas de réponse.

– *Habla usted Espanol ?*

Toujours rien.

L'Allemand hoche alors la tête d'un air dégoûté et s'en va.

Le premier Français dit alors à l'autre :

– *Tu ne crois pas qu'on devrait quand même apprendre une langue étrangère ?*

– *Pourquoi ?* répond l'autre. *Ce type en connaissait cinq et ça ne lui a servi à rien !*

"En matière d'amour physique, les textiles gênent plus aujourd'hui que les principes."

[Philippe Bouvard]

ET LE PAYS QUI COMPTE LE PLUS DE HOTSPOTS WI-FI AU MONDE EST...

Nos confrères de Forbes dévoilent un classement aussi intéressant qu'inattendu : celui des 10 pays comptant le plus de hotspots Wi-Fi disponibles. Bien sûr, quand on parle de ce type d'infrastructure et qu'on a affaire à un Top 10, on imagine forcément que les USA mènent la course en tête, loin devant la concurrence, de par la taille du pays, de ses villes, de sa population et de son mode de vie. On pense aussi à la Corée du Sud ou encore au Japon, entre autres. Mais le gagnant est :

1. **France :** 13 096 824
2. **USA :** 9 858 246
3. **Royaume-Uni :** 5 611 944
4. **Chine :** 4 910 368
5. **Japon :** 3 303 459
6. **Pays-Bas :** 2 017 483
7. **Belgique :** 2 016 641
8. **Brésil :** 1 654 114
9. **Pologne :** 1 376 560
10. **Allemagne :** 935 534

Tirez la chasse

TOUJOURS PLUS DE VIANDE DANS NOS ASSIETTES

Les problèmes liés à l'élevage sont bien connus : pollutions, épandages, émissions de gaz à effet de serre, de protoxyde d'azote et de méthane, déforestation (70% des terre agricole sont destinés aux céréales OGM, servant à l'élevage). Les animaux vivent dans des conditions de plus en plus cruelles, et reçoivent de fortes doses d'antibiotiques et d'hormones. Et pourtant :

Un Français mange 89 kilos de viande par an, soit 2 fois plus que ses grands-parents et 3 fois plus que ses arrière-grands-parents.

Le petit coin des jeux

1. Dans quel film Angelina Jolie n'a-t-elle pas joué ?
   a) *Maléfique*
   b) *Péché originel*
   c) *Mr. et Mrs. Smith*
   d) *Roméo et Juliette*

2. Quel chanteur joue aux côtés d'Isabelle Adjani dans le film *L'Été meurtrier* ?
   a) Patrick Bruel
   b) Francis Cabrel
   c) Alain Souchon
   d) Julien Clerc

3. Quel acteur tient le premier rôle dans le film *Drive* de Nicolas Winding Refn ?
   a) Ben Affleck
   b) Ryan Gosling
   c) Daniel Craig
   d) Matt Damon

Réponses : 1a ; 2c ; 3b.

"Il est bien des choses qui ne paraissent impossibles que tant qu'on ne les a pas tentées."

À l'échelle mondiale : 65 milliards d'animaux sont abattus en un an.

320 millions de vaches

430 millions d'agneaux

517 millions de moutons

1 383 millions de cochons

58 110 millions de poulets

Au total, ce sont 286,2 milliards de tonnes de produits carnés :

14% en Amérique du Nord

4% en Amérique centrale

10% en Amérique du Sud

20% en Europe

5% en Afrique

46% en Asie

La production de viande a quintuplé entre 1950 et 2000 – 309 millions de tonnes en 2013 – et on prévoit 465 millions de tonnes en 2050 pour 9 milliards d'humains. Il faut :

15 500 litres d'eau pour produire 1 kg de bœuf (irrigation des céréales et du fourrage)

4 900 litres d'eau pour 1 kg de porc

4 000 litres pour 1 kg de poulet.

Bien loin devant les légumes.

Pour produire 1 kg de viande, il faut entre 7 et 10 kg de céréales.

UN PETIT TOUR DANS NOTRE CERVEAU

• Le cerveau pèse environ 1,600 kg chez l'homme adulte et 1,450 kg chez la femme.

• Les neurones se forment dès le début de l'embryon au rythme de plus de 500 par minute, puis la production diminue, une fois les 100 milliards atteints.

• À sa naissance, un bébé dispose donc de 100 milliards de neurones qui vont cesser de se multiplier. Mais seulement 10% sont connectés entre eux.

Pisse trois gouttes

LE SAVIEZ-VOUS ?

Les colliers à pics pour chiens ont été inventés à l'origine pour les chiens de troupeau. Ils les protégeaient d'éventuelles attaques des loups qui ont tendance à mordre au cou. L'inconvénient est que ces colliers sont inconfortables pour les chiens et peuvent provoquer des blessures.
Aujourd'hui, on expérimente un collier qui, accroché aux moutons, permettra d'éloigner les loups et d'envoyer un SMS au berger grâce à leur fréquence cardiaque.

“Se marier à un homme divorcé montre que vous êtes ‘écologiquement’ responsable. Dans un monde où il y a plus de femmes que d'hommes, il faut participer au recyclage.”

[Rita Rudner]

• Les neurones se connectent entre eux pour échanger des signaux grâce aux synapses. Ces synapses se forment après la naissance en fonction de l'environnement, de l'apprentissage…

• À l'âge adulte, nous avons 1 million de milliards de synapses.

• Le cerveau peut théoriquement stocker l'équivalent de 1000 encyclopédies.

• Le cerveau représente environ 2% du poids total d'un homme. Mais par le rôle central qu'il occupe, il consomme 20% de l'énergie totale.

• On perd environ 10 000 neurones par jour à partir de 20 ans, 50 000 à 40 ans et 100 000 à 90 ans.

• Le cerveau « maigrit » au fil des ans, perdant au total quelque 300 g pour un poids moyen de 1,4 kg.

• Le cerveau doit son volume à environ 1400 cm^3 de cerveau… et 300 ml de liquide : 150 ml de sang et 150 ml de liquide cérébrospinal (composé de 99% d'eau) dans lequel cerveau et moelle épinière baignent.

Tirez la chasse

À Paris, les 150 000 chiens vivant dans la capitale sont responsables d'une pollution estimée à plus de 16 tonnes de déjections canines quotidiennes.

La question de Dame Pipi

Quelle est la différence entre un végétarien et un végétalien ?

Un végétarien ne mange aucun animal (ni viande ni poisson), alors qu'un végétalien ne mange aucun animal (ni viande ni poisson), ni aucun produit issu d'animaux (lait, œufs, miel…).

"Le vice inhérent au capitalisme consiste en une répartition inégale des richesses. La vertu inhérente au socialisme consiste en une égale répartition de la misère."

[Winston Churchill]

La vraie vérité

CE N'EST PAS CE QUE VOUS CROYEZ !

Frankenstein n'est pas le nom de la créature dans le roman *Frankenstein ou le Prométhée moderne* de Mary Shelley. Il s'agit du nom de famille du créateur du monstre, Victor Frankenstein. De plus, dans le roman, Victor Frankenstein était un étudiant en médecine et non un docteur.

La célèbre réplique attribuée à Sherlock Holmes, « Élémentaire mon cher Watson », n'a été prononcée dans aucune des histoires écrites par Arthur Conan Doyle. En revanche, il dit « mon cher Watson » ou « élémentaire » séparément, en plusieurs occasions.

« Je ne suis pas d'accord avec ce que vous dites, mais je me battrai jusqu'à la mort pour que vous ayez le droit de le dire » n'a pas été écrit par Voltaire, mais apparaît dans l'ouvrage *The Friends of Voltaire* de l'auteure britannique Evelyn Beatrice Hall.

À CHAQUE PLANTE SON ORGANE

De l'Antiquité jusqu'au XVIIIe siècle se développa une croyance médicale : la théorie des Signatures. Elle affirmait que quand un fruit ou un légume a une ressemblance avec un organe du corps, il est apte à soigner cet organe. C'est Pline l'Ancien, homme de lettres, naturaliste, historien et militaire romain (23-79) qui cristallisa cette idée le premier. Plus tard, Paracelse (1493-1541), la rendit célèbre.

De la théorie des Signatures découlent aujourd'hui quelques-unes des conceptions de l'homéopathie, de la naturopathie et de l'utilisation des fleurs de Bach. Voici quelques exemples :

- La noix décortiquée ressemble à un cerveau, elle était donc indiquée pour les maux de tête et la mémoire.
- Le haricot rouge a la forme d'un rein, il servait à maintenir une bonne fonction rénale.
- La carotte, en rondelle, présente des lignes circulaires et des nervures proches des yeux. Elle améliore donc la vue.
- Le céleri était comparé aux os, il devait les fortifier.
- La figue : en général, ce fruit pend par deux comme des testicules et contient de nombreuses graines associées au spermatozoïdes. Elle combattrait la stérilité masculine.
- Le champignon de Paris, tranché en deux dans sa longueur, rappelle la forme de l'oreille. Il était prescrit pour améliorer l'ouïe.
- Le pruneau cuit évoque les selles. Il est employé pour avoir un bon transit et lutter contre la constipation.

"Les femmes n'interviennent jamais dans mes romans tout simplement parce qu'elles parleraient tout le temps et que les autres n'auraient plus rien à dire."

[Jules Verne]

- L'avocat, écrin bien bombé, fait penser au ventre maternel. Il a aussi un temps de maturation de 9 mois. On l'utilisait pour stimuler le col de l'utérus, pour régler le cycle hormonal, pour perdre du poids après un accouchement…
- L'olive, de par sa rondeur et sa petite taille, était liée aux ovaires et aux ovules. On l'employait pour permettre au cycle menstruel d'être plus efficace.

"Chaque génération se croit plus intelligente que la précédente et plus sage que la suivante."

[George Orwell]

Pissons de rire

Deux gendarmes en balade aperçoivent un hélicoptère :

– *Que voyez-vous, sergent ?*

– *Je vois une hélicoptère, mon adjudant !*

– *Non, sergent, ce n'est pas UNE hélicoptère, c'est UN hélicoptère !*

Alors le sergent lui dit :

– *Bravo, mon adjudant, vous avez une très bonne vue !*

Le savais-tu ?

Pourquoi les vins blancs donnent-ils la migraine ?

Les vins blancs secs ne donnent pas plus la migraine que les champagnes, les vins doux ni même les vins rouges. Le problème vient de la présence du SO_2 (soufre) en excès. Utilisé durant l'élaboration et la conservation des vins pour ses vertus antiseptiques et anti oxydantes, le soufre permet au vigneron de stabiliser ses vins. Les vins blancs et les vins doux, plus instables et plus sujets à l'oxydation que les rouges, ont longtemps été les victimes du surdosage. Aujourd'hui, et grâce au progrès de l'œnologie, il est possible d'utiliser beaucoup moins de soufre. Attention, toutefois, au vin « petit prix ».

"Si vous parlez à Dieu, vous êtes religieux. Si Dieu vous parle, vous êtes psychotique."

Les confidences de Dame Pipi

DES STAGIAIRES MIEUX PAYÉS QUE DES MINISTRES

Les entreprises américaines leaders dans le secteur de l'informatique et des nouvelles technologies gagnent beaucoup d'argent, à tel point qu'Apple, par exemple, est devenue la compagnie la plus riche de l'histoire de l'économie mondiale. Généralement, les salaires, stock-options et avantages en nature de toutes sortes suivent le mouvement, et les employés de ces compagnies se plaignent rarement de leur sort.

Ce que l'on sait moins, c'est que les indemnités de stages ne sont généralement pas en reste non plus. Voici le Top 10 des entreprises tech américaines où les stagiaires sont le mieux payés.

1. Google : **7405** dollars par mois
2. Microsoft : **6699** dollars par mois
3. eBay : **6383** dollars par mois
4. Apple : **6106** dollars par mois
5. Facebook : **6058** dollars par mois
6. Intel : **5988** dollars par mois
7. Qualcomm : **5714** dollars par mois
8. Yahoo! : **5609** dollars par mois
9. Epic Systems : **5420** dollars par mois
10. Broadcom : **5203** dollars par mois

Le petit coin des jeux

1. Comment se prénommait l'épouse du roi Arthur ?
   a) Guenièvre
   b) Morgane
   c) Viviane
   d) Greta

2. Grâce à quelle ligne détermine-t-on la longitude ?
   a) Le parallèle
   b) Le méridien
   c) L'équateur
   d) Le fuseau

3. Comment appelait-on les Espagnols qui conquirent l'Amérique ?
   a) Les matadors
   b) Les guérilleros
   c) Les pistoleros
   d) Les conquistadors

4. Dans quelle discipline décerne-t-on le prix Goncourt ?
   a) La littérature
   b) Le cinéma
   c) La chimie
   d) La peinture

Réponses : 1a ; 2b ; 3d ; 4a.

Pisse trois gouttes

L'univers visible s'arrête à 13,7 années-lumière : les téléscopes ne peuvent voir plus loin que cet « horizon cosmologique ». La galaxie la plus lointaine observée est à 12,9 milliards d'années-lumière.

LE PARACÉTAMOL DANGEREUX POUR LA SANTÉ ?

À haute dose et sur des périodes longues, assurément. C'est en tout cas ce qu'affirment pas moins de huit études anglo-saxonnes. Le danger de la molécule, qu'on trouve sous des noms comme Doliprane, Efferalgan ou encore Dafalgan, sur le foie était déjà connu. Les études vont plus loin et affirment que la prise forte de paracétamol augmenterait de 20% le risque de maladies cardiovasculaires, de 68% les risques de développer un ulcère, de 49% ceux d'avoir des saignements.

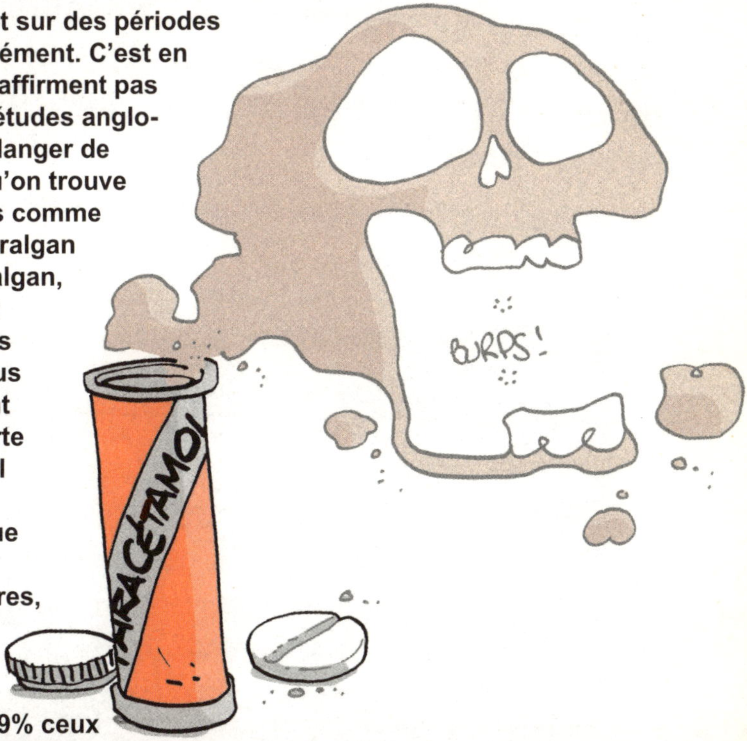

Les gros consommateurs de paracétamol seraient également plus susceptibles d'avoir des reins défectueux que les personnes n'en consommant jamais ou à dose raisonnable.

« Le paracétamol, c'est bien pour les traitements de courte de durée. Mais dès qu'on va dépasser une semaine, quinze jours, il faut être prudent. » (Docteur François Chast)

De plus, il est fortement déconseillé de l'associer à l'alcool. Combinées, les deux substances constitueraient un cocktail très toxique pour le foie. En clair, prendre un petit comprimé de paracétamol après une soirée arrosée est une très mauvaise idée.

Les astuces de Dame Pipi

Comment se débarrasser des points noirs ?

Pressez un citron. (Le surplus du jus pourra se conserver au frigo pendant 3 à 4 jours.) Le soir, à l'aide d'un coton, appliquez le jus de citron sur la zone T (front, nez, menton). Laissez séchez. Ne pas rincer.

Répétez cette opération pendant une semaine.

Pisse trois gouttes

Un chercheur de l'École polytechnique fédérale de Lausanne vient de présenter la dernière évolution d'une lentille de contact dotée d'un zoom contrôlable par un clignement d'œil. Cet équipement pourrait un jour servir aux personnes souffrant de dégénérescence maculaire liée à l'âge. Des essais cliniques doivent bientôt débuter.

"On n'a quand même pas pris la Bastille pour en faire un opéra !"

[Pierre Desproges]

Le petit coin des listes

LES SPORTIFS LES MIEUX PAYÉS AU MONDE EN 2014

1. **Floyd Mayweather** (boxe) : **105 millions** de dollars (soit 83,9 M€)
2. **Cristiano Ronaldo** (football) : **80 millions** de dollars (soit 63,9 M€)
3. **LeBron James** (basket) : **72,3 millions** de dollars (soit 57,8 M€)
4. **Lionel Messi** (football) : **64,7 millions** de dollars (soit 51,7 M€)
5. **Kobe Bryant** (basket) : **61,5 millions** de dollars (soit 49,1 M€)
6. **Tiger Woods** (golf) : **61,2 millions** de dollars (soit 48,9 M€)
7. **Roger Federer** (tennis) : **56,2 millions** de dollars (soit 44,9 M€)
8. **Phil Mickelson** (golf) : **53,2 millions** de dollars (soit 42,5 M€)
9. **Rafael Nadal** (tennis) : **44,5 millions** de dollars (soit 35,5 M€)
10. **Matt Ryan** (football américain) : **43,8 millions** de dollars (soit 35 M€)
11. **Manny Pacquiao** (boxe) : **41,8 millions** d'euros (soit 33,4 M€)
12. **Zlatan Ibrahimovic** (football) : **40,4 millions** d'euros (soit 32,3 M€)
13. **Derrick Rose** (basket) : **36,6 millions** de dollars (soit 29,2 M€)
14. **Gareth Bale** (football) : **36,4 millions** de dollars (soit 29,1 M€)
15. **Radamel Falcao** (football) : **35,4 millions** de dollars (soit 28,2 M€)

LES CANCRES DEVENUS DES GÉNIES

Einstein fut refusé au concours d'entrée à l'École polytechnique de Zurich, pour sa faiblesse dans la plupart des matières. En revanche, il n'a jamais eu de difficultés en mathématiques à l'école. Il a même déclaré qu'avant l'âge de 15 ans il maîtrisait déjà le calcul intégral et le calcul différentiel.

Van Gogh commença à peindre à 27 ans.

Shakespeare écrivit ses principales pièces entre 30 et 40 ans.

Darwin fut jugé par ses maîtres comme « une faillite intellectuelle » et passa pour un élève médiocre jusqu'à l'âge de 17 ans.

Churchill fut considéré pendant plusieurs années comme un retardé mental.

Tirez la chasse

L'eau des retenues des barrages s'évapore sous l'effet du soleil et du vent. C'est pourquoi les barrages sont des grands consommateurs d'eau.

Le total des pertes d'eau par évaporation des barrages et retenues artificielles dans le monde s'élève à plus de 210 milliards de m^3 par an.

50% des barrages en France… n'ont pas d'usage connu.

Il existe environ 75 000 barrages sur les cours d'eau en France métropolitaine.

Évariste Galois, mathématicien génial, mort dans un duel à 21 ans, passa sa dernière nuit à noircir des liasses de papier de formules qu'on mettra un siècle à comprendre. Il n'alla à l'école qu'à l'âge de 12 ans et ce n'est qu'un an plus tard qu'il eut la révélation des mathématiques.

Sophie Germain, l'une des rares femmes célèbres en mathématiques, décida à l'âge de 13 ans que ce devait être la chose la plus importante au monde.

Tchaïkovski travaillait dans un ministère et n'entra au conservatoire qu'à 22 ans.

Gauguin abandonna son métier d'employé de banque pour devenir peintre à 33 ans.

Matisse était clerc de notaire à Saint-Quentin, c'est parce qu'il fut immobilisé par une maladie qu'il s'intéressa à la peinture à 20 ans.

Pasteur, mauvais élève, a démontré sa haute intelligence une fois installé dans un laboratoire.

La culture pas chiante

LES PAPIS DES FONDS MARINS

- **La méduse *Turritopsis nutricula*** (mer des Caraïbes), l'immortalité (théorique) : l'animal est capable de stopper son vieillissement et même de rajeunir.

- **La cyprine** (une espèce de mollusque bivalve) : 500 ans et plus. La « praire d'Islande » vit, comme son deuxième nom l'indique, dans les profondeurs marines de l'île de l'Atlantique nord.

- **L'oursin rouge géant** : 200 ans. Il est notamment capable de régénérer ses épines en cas de cassure.

Pisse trois gouttes

Mangez comme les Brésiliens pour garder la ligne

Le journal *Obesity Research* indique que, comparativement à celle qu'on adopte en Occident, une alimentation axée sur du riz et des haricots diminue de 14% le risque de faire du surpoids. Ces deux ingrédients sont pauvres en gras et riches en fibres, substances qui stabilisent le taux de sucre sanguin. Autre point positif des haricots : les protéines qu'ils contiennent ont un impact positif sur l'humeur ! Mège-Mauriés déposa le brevet de son invention sous le nom de margarine.

"J'ai retiré plus de choses de l'alcool que l'alcool ne m'en a retiré."

[Winston Churchill]

Tirez la chasse

Tandis que le réchauffement climatique s'accélère, la dernière destination à la mode est le Groenland. 1,5 millions de touristes se sont rendus pour voir les glaces avant leur disparition, dans cet immense territoire rattaché au Danemark.

- **Le « poisson-montre »** : 150 ans. L'animal habite les océans du globe à des profondeurs comprises entre 900 et 1800 mètres, notamment dans les canyons sous-marins.

- **Le homard européen** : 50 ans. Parce qu'il a été découvert au début du xxe siècle en grande quantité au large de la commune bretonne de Loguivy-de-la-Mer et du fait de sa couleur naturelle, le homard européen porte aussi le nom de « Bleu de Loguivy ».

LES DISPARITIONS D'AVIONS LES PLUS ÉTRANGES

1937 : C'est la pionnière de l'aviation Amelia Earhart – la première femme à avoir volé en solitaire au-dessus de l'Atlantique –, qui disparaît près de l'île Howland, dans le Pacifique.

1945 : Le mystère du vol 19, à l'origine de la légende du triangle des Bermudes. Cinq avions militaires décollent de la base de Fort Lauderdale, en Floride. Une heure et demie plus tard, les pilotes envoient un message d'alerte radio pour dire qu'ils sont désorientés. Au sol, les contrôleurs n'arrivent pas à repérer leur position. Les pilotes ne trouvent pas où atterrir et sont obligés d'amerrir. Les 14 aviateurs meurent. Plus étrange encore, l'un des avions envoyés à leur recherche disparaît également. Un article du *Los Angeles Times*, publié en 1974, affirme que plus de 190 navires et 80 avions auraient disparu dans cette zone au cours des cent années précédentes.

1967 : La poisse du numéro 191 commence avec le vol Nasa 191 qui s'est subitement mis en vrille et s'est écrasé dans un désert, en Californie. Suivent alors des crashs inexpliqués et dramatiques en 1972, 1979, 1985, 2006, 2012, créant aux États-Unis la phobie du vol 191.

1972 : Les survivants cannibales du crash dans les Andes. En 1972, un avion uruguayen transportant 45 passagers et membres d'équipage s'écrase dans les

Andes, à cause du mauvais temps. Il y a 29 morts en tout. Si 16 personnes survivent, c'est seulement parce qu'elles ont recours au cannibalisme. Elles se sont nourries des cadavres des passagers.

1999 : Le Boeing 767 EgyptAir s'écrase dans l'Atlantique, tous les 217 passagers et membres d'équipage meurent. Pour les Américains, les moteurs ont été coupés en plein vol par le copilote. Les Égyptiens parlent d'une défaillance mécanique.

2009 : L'Airbus A330 devant relier Rio à Paris, avec à son bord 288 passagers et membres d'équipage, disparaît dans l'Atlantique. 74 corps de passagers n'ont toujours pas été retrouvés.

2014 : Le Boeing 777 de Malaysia Airlines s'est volatilisé avec 239 personnes à son bord.

Le petit coin des listes

LES PAYS LES PLUS TRANQUILLES

Global Peace Index est un rapport, publié par l'IEP (Institute for Economics and Peace), qui évalue chaque année le pacifisme des pays selon l'étude de plusieurs indicateurs tels que les conflits internes et externes, la sûreté et la sécurité sociétale, le taux de criminalité et de terrorisme, la militarisation...

L'Europe est le continent le plus pacifique, bien que le Royaume-Uni soit classé 47e, la France 48e et la Turquie 128e. À l'autre extrémité du spectre, on trouve la Syrie, le Soudan du Sud, l'Afghanistan et l'Irak.

1- Islande

2- Danemark

3- Autriche

4- Nouvelle-Zélande

5- Suisse

6- Finlande

7- Canada

8- Japon

9- Belgique

10- Norvège

"Pour lutter contre le mal de mer, sucez une noix de muscade (sans l'avaler, c'est toxique). Si vous n'avez pas de noix de muscade, allez-y en bicyclette."

[Pierre Desproges]

Instruis-toi en t'amusant

L'EUPHÉMISME EST UNE FIGURE DE STYLE BASÉE SUR L'ATTÉNUATION D'UN MOT, D'UNE EXPRESSION QUI SERAIT TROP CHOQUANTE.

« Personnes de couleur » pour des personnes dont la couleur de peau est différente de celle du locuteur.

« Troisième âge », **« senior »**, pour vieillesse, vieux.

« Défavorisé » ou **« modeste »** pour pauvre.

« Handicap » est un euphémisme pour **« infirmité »** ou **« invalidité »**. Le pape Jean-Paul II avait évoqué les **« victimes de la vie »**.

« Être diminué » pour signifier **« être handicapé »**.

« Enveloppée », **« ronde »**, **« fort »**, **« costaud »** pour désigner une personne présentant une surcharge pondérale importante, voire carrément obèse.

« Personne de petite taille » pour désigner un nain ou une naine.

« Il s'est éteint, il est parti pour un monde meilleur, etc. », pour **« il est mort »**.

Tirez la chasse

En 1867, jusqu'en 1974, plusieurs villes américaines (San Francisco, Chicago, etc) ont adopté une loi appelée « ugly law » qui interdit aux personnes handicapées et moches d'apparaître en public.

Pisse trois gouttes

Une étude faite par des psychologues néerlandais, démontre que « les hommes perdent une partie de leurs facultés intellectuelles lorsqu'ils sont en conversation avec une femme. »

"Pourquoi les filles baissent les yeux quand on leur dit 'je t'aime' ?
– Pour voir si c'est vrai."

[Régis Hauser]

LE MONOPOLY A ÉTÉ INVENTÉ POUR MONTRER LES DANGERS DU CAPITALISME

Une femme, Elizabeth Magie, inventa en 1904 *The Landlord's Game*, jeu de société ayant pour but de montrer la « nature antisociale du monopole ». Durant les années 1910 et 1920, la diffusion de ce jeu politiquement marqué s'étendit sur le territoire des États-Unis.

En 1931, Charles Darrow, chômeur, découvrit le jeu grâce à des voisins. Il créa alors un jeu très proche et le proposa à Parker Brothers, qui le refusa, notamment parce qu'il était trop complexe. Charles Darrow commercialisa alors le jeu par ses propres moyens et obtint un succès tel qu'en 1935, Parker Brothers lui acheta les droits du jeu. La firme racheta ensuite les droits originaux à Elizabeth Magie en 1936 ; celle-ci les céda à bas prix, sans droits d'auteur : elle n'était absolument pas intéressée par l'argent. Elle souhaitait juste que le message du jeu soit diffusé le plus largement possible.

Les conseils de Dame Pipi

LES PLANTES AROMATIQUES POUR VOTRE SANTÉ

• **L'aneth**, en infusion, est un stimulant du système digestif. Ses graines infusées permettent d'arrêter le hoquet, le mal de tête et la toux des enfants.

• **Le basilic** est sédatif, antispasmodique des voies digestives, diurétique, antibactérien, et peut être employé contre l'indigestion et en tant que vermifuge.

• **La ciboulette** est riche en carotène. Elle contient aussi des vitamines du groupe B, pas mal de vitamine C et des sels minéraux. Il en va de même de la ciboule, riche en composés antioxydants.

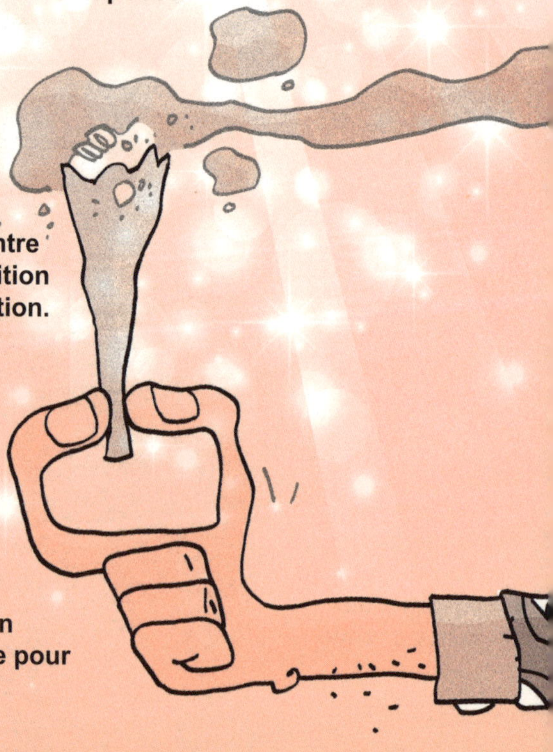

• **La coriandre** : propriétés digestives et carminatives. Ce sont principalement ses fruits entiers et son huile essentielle qui sont utilisés. Cette espèce entre couramment dans la composition des tisanes facilitant la digestion.

• **Le cumin** : la médecine traditionnelle chinoise le préconise pour réduire les excès de chaud du foie et pour améliorer l'appétit.

• **L'estragon** : mâcher une feuille d'estragon ou prendre 3 ou 4 gouttes de son huile essentielle sur du sucre pour stopper le hoquet.

• **La marjolaine** : antiseptique, à prendre en infusion pour soigner les états d'anxiété, de nervosité, les insomnies, les migraines, les rhumes et les affections des bronches.

• **La mélisse** : une tisane apaisante. Mais elle renferme aussi une essence qui est un tonique nerveux. Son infusion, appliquée régulièrement sur un herpès, peut le faire disparaître.

• **La menthe verte** : tonique, fortifiante et digestive, combat les lourdeurs, les ballonnements et les gaz.

• **L'huile essentielle d'origan** est réputée être un antiseptique très puissant, recommandée pour soigner les rhumes et la grippe. Elle est également un remède contre les douleurs spasmodiques, la fatigue et le stress.

• On emploie **la racine du persil** comme diurétique, sous forme d'infusion. Ses feuilles et ses graines sont utilisées comme stimulant, en poudre ou en sirop.

• **Le romarin** soulage les maux de tête, améliore la mémoire et la concentration et combat les effets du stress et de la fatigue.

• **Les feuilles et les sommités fleuries de la sarriette** sont digestives, stimulantes, antiseptiques et antiputrides. Elles seraient aussi vermifuges. Son huile essentielle est bactéricide.

• **L'infusion de thym** peut s'utiliser en bain de bouche, en cas d'inflammation des gencives, et en gargarisme en cas d'irritation de la gorge ou d'angine. Les préparations qui en contiennent s'utilisent en fumigation pour traiter les rhinites et les sinusites.

• **La verveine** : les infusions de cette plante sont fébrifuges, antispasmodiques, antifongiques et légèrement sédatives. Elle favorise la digestion et le sommeil.

EXPRESSIONS DU SUD

Tuer un âne à coups de figue : prendre le temps (la figue étant molle...), être lent.

Ensuqué, être ensuqué : être engourdi, endormi.

Cacou ou faire le cacou : frimeur ou frimer.

Emboucaner : sentir très mauvais, ennuyer, empoisonner ou encore fumer (emboucaner une viande) ou se faire embrouiller par une personne.

Avoir des yeux de gobi : être ahuri, idiot. Le gobi est un poisson avec de gros yeux.

Changer l'eau des olives : aller faire pipi (pour les hommes).

Se tanquer : se poser quelque part et ne plus bouger.

Être empégué : synonyme de coller, se retrouver dans une situation inextricable. Mais aussi se cogner, se coltiner quelqu'un...

Fada : vient de fée, touché par la fée. Quelqu'un de dérangé, de fou. Le féminin est « fadade ».

Bugne : coup.

Cagade : chiure, échec, rater quelque chose, action très maladroite... « Il a fait une cagade. »

Cagnard, cagna : grosse chaleur, canicule.

Caguer : chier ou s'en moquer. « Je n'en ai rien à caguer ! »

Castagne : bagarre.

Chocolatine : pain au chocolat.

Fatch : nul, bidon. « Cette soirée était vraiment fatch. »

Feignàs : fainéant.

Jaune : pastis.

Mastoc : mal fait, peut se dire aussi pour quelque chose d'imposant et dense. « C'est mastoc. »

Mila diou : mille dieux (expression d'énervement).

Pigne : petit coup, coup de poing.

Pinter : boire (généralement de l'alcool).

Pitchou ou pitchoune : petit ou petite.

Platras : plat ou assiette bien remplis de nourriture, plâtrée.

Poche : sac en plastique, personne qui boit beaucoup et souvent.

Poutou : un baiser.

Ronquer : dormir.

Rougne : objet sans valeur.

Tchi : rien.

Tranquilou : peinard.

Farda : habits, linge, affaire.

Le petit coin des jeux

QU'EST-CE QUE C'EST ?

1

Toujours le premier, jamais le dernier,
Rien sans lui n'est jamais fini,
Car rien ne peut commencer sans lui.

2

Encore fléau à notre époque,
Par le loup souvent on l'évoque.
On peut hélas en souffrir,
Parfois même au point d'en mourir.

3

Parfois mauvaise et redoutée,
Elle peut faire des blessés.
Qu'elle soit d'eau ou de reins,
Elle est aussi mot de la fin.

4

Du fond de la Provence,
Sous le mistral elle danse.
De son cœur naît l'essence,
À une couleur, elle a donné naissance.

Réponses :
1- le début
2- la faim
3- la chute
4- la lavande.

"Un concerné n'est pas forcément un imbécile en état de siège pas plus qu'un concubin n'est obligatoirement un abruti de nationalité cubaine."

La culture pas chiante

LE RER PARISIEN DEVAIT S'APPELER MERDE !

Le tronçon La Défense-Charles de Gaulle-Étoile fut le premier à ouvrir en 1970. Le projet prévoyait d'appeler ce nouveau métro : « Métro Express Régional Défense Étoile ».
Une brochure de l'EPAD (Établissement pour l'aménagement de la région de La Défense) raconte l'anecdote suivante au sujet de cette dénomination : "Allô, l'EPAD ? Passez-moi le directeur des services techniques, s'il vous plaît. Allô, bonjour Monsieur. Je suis le peintre en lettres. Je suis en train de faire vos pancartes ; vous savez, celles du métro express. Eh, il fallait bien que je vous dise… il me pose un problème, le nom de votre métro. Surtout que vous m'avez demandé de mettre les initiales en grosses capitales. Vous voyez ce que les initiales de Métro Express Régional Défense-Étoile donnent de loin ?… Ah bon ! Vous aussi vous trouvez qu'il faut changer ça… » Aucun ingénieur ou responsable ne s'était aperçu de l'incongruité du sigle obtenu. C'est à ce peintre que l'on doit le nom de « RER » : Réseau Express Régional.

Amuse-toi en t'instruisant

COCORICO

La France est le plus grand pays européen en termes de superficie après la Russie et l'Ukraine.

Le 45e parallèle Nord, qui marque les points situés à mi-chemin entre l'équateur et le pôle Nord, est souvent décrit comme la limite entre les cultures du nord de la France, où les dialectes d'oïl sont parlés, et celles du sud de la France, où les dialectes de l'occitan ont traditionnellement prédominé. C'est aussi la frontière approximative séparant la cuisine au beurre de celle à l'huile d'olive.

Le canal du Midi est le plus vieux canal encore fonctionnel en Europe. Il fut construit entre 1666 et 1681. Il mesure 240 km de long, possède 63 écluses, 126 ponts, 55 aqueducs, 7 canal-ponts, 6 barrages et 1 tunnel.

Les cours d'eau ont joué un rôle majeur dans l'histoire de la France, agissant comme les axes de transport principaux avant l'avènement du chemin de fer. Il y a 24 rivières en France de plus de 300 km de long contre seulement 2 au Royaume-Uni et 4 en Italie. 66 des 95 départements métropolitains ont tiré leur nom du nom de rivières.

Les marées dans les régions de Bretagne et de Normandie sont les plus fortes en Europe, avec une différence de niveau allant jusqu'à 15 mètres entre la marée basse et la marée haute.

Selon une étude de 2008 publiée par Knight Frank et Citi Private Bank, la municipalité de Saint-Jean-Cap-Ferrat, entre Nice et Monaco, est la péninsule la plus chère au monde et la 3e localité la plus chère du monde pour l'immobilier, après Londres et Monaco. Le prix au mètre carré y est deux fois supérieur à celui de Tokyo et trois fois plus élevé qu'à Paris.

Briançon, dans le département des Hautes-Alpes, est la ville la plus haute dans l'Union européenne. Elle se trouve à une altitude de 1326 mètres.

Le plus grand canyon d'Europe, ce sont les gorges du Verdon, près de Castellane et de Moustiers-Sainte-Marie, où la Provence rencontre les Alpes. Ce sont les deuxièmes plus grandes gorges du monde, longues d'environ 25 kilomètres et dont la profondeur atteint 700 mètres.

Pissons de rire

NOS ÉLÈVES ONT DU TALENT

Le bac 2014 nous a donné, encore cette année, quelques réponses étonnantes et amusantes.

« Un monde multipolaire est un monde où il fait très froid. On peut observer ce phénomène dans des pays scandinaves, comme l'Allemagne. »

« L'Europe politique, c'est comme l'hiver dans *Game Of Thrones* : on t'en parle, mais on la voit jamais arriver. »

« L'Europe est devenue géographiquement étendue, avec notamment six fusées horaires. »

Pisse trois gouttes

Après que les milliers employés du parc Disneyland en Californie ont fini leur travail et que les visiteurs rentrent chez eux, 200 chats errants sont libérés chaque soir pour traquer les rongeurs afin de contrôler leur population. En effet, les produits trop toxiques sont interdits dans les parcs publics.

« En conclusion, l'Europe politique n'a rien à voir avec ce que tout le monde imaginait en 1948 : comme sur les brochures, il fallait sans doute bien lire les petites lignes en bas ! »

« La zone euro a ensuite intégré de nouveaux pays de l'Est : Lituanie, Estonie, Transylvanie, Lettonie… »

« Mao a été inspiré par son successeur. »

« Mao réprima les rebelles en envoyant son armée, composée majoritairement de samouraïs. »

« La Chine retourna son pantalon et lâcha le communisme. »

« Un Français a dit un jour : Laissez dormir la Chine, car si la Chine se réveille, après elle sera pas contente. »

« On dit que la Chine est une République populaire car elle est très connue dans le monde entier. »

« La population chinoise mourait de faim, surtout dans les grandes villes : Shanghai, King Kong ou encore Pékin. »

« On peut presque comparer la Chine à la France, sauf au niveau de la taille, de sa puissance financière, du nombre d'habitants et de la langue. »

« Mao Zedong a envoyé un ultime atome à ses opposants. »

Le petit coin des listes

LE NOMBRE 7

En raison d'un nombre de coïncidences historiques, physiques, ésotériques et mathématiques, le chiffre 7 est parfois considéré comme un « chiffre magique » :

- La Menorah ou chandelier à 7 branches.
- Le nombre de jours dans une semaine, c'est le nombre de jours qu'il a fallu à Dieu pour créer le monde.
- Le nombre de péchés capitaux : luxure, avarice, envie, orgueil, paresse, gourmandise et colère. Appelés capitaux, car c'est d'eux que découlent tous les autres.
- Le nombre de sacrements dans la religion catholique.
- Le nombre d'archanges de l'Apocalypse.
- Le nombre de têtes de la bête de l'Apocalypse.
- Le nombre d'ayat dans la sourate al-Fatiha.
- Le nombre de cieux dans la tradition islamique (voir Miraj).
- Le nombre traditionnel des 7 merveilles du monde.
- Le nombre de chakras, de villes saintes dans l'hindouisme (c'est le chiffre sacré par excellence).
- Le nombre de principes de base du Bushido (code des samouraïs).
- En numérologie, le 7 représente la « vie intérieure ».
- Les 7 voyages de Sinbad le Marin correspondent à la 133e histoire (volume 6) des contes des *Mille et une nuits.*
- Le nombre des femmes de Barbe Bleue dans l'opéra d'Offenbach.
- Le nombre de fées marraines de la Belle au bois dormant dans la version de Charles Perrault.
- Le nombre de nains dans le conte *Blanche-Neige et les 7 nains.*
- Le nombre de lieues que l'on peut parcourir en une seule enjambée dans les contes grâce aux bottes de 7 lieues.

Le Bouquin du petit coin

#7

- L'âge du Petit Poucet, le nombre de sa fratrie et le nombre de filles de l'Ogre.
- Le nombre de mouches attrapées par la tapette du petit tailleur dans le conte des frères Grimm, *Le Vaillant petit tailleur* – « 7 d'un coup ».
- Dans *Le Petit Prince*, « la septième planète fut la Terre ».
- Dans *La Chèvre de monsieur Seguin*, la chèvre de l'histoire est la septième qui s'enfuit dans la montagne.
- Le jeu des 7 familles est un jeu de cartes.
- À Manchester United, le chiffre 7 est le numéro mythique au dos du maillot. Porté entre autres par George Best, Éric Cantona, David Beckham et Cristiano Ronaldo.
- Les 7 continents (dans l'un des systèmes de continents) : Afrique, Amérique du Nord, Amérique du Sud, Asie, Europe, Océanie, Antarctique.
- Le nombre de couleurs de l'arc-en-ciel.
- Le nombre d'unités du Système international (ex-MKSA) : mètre, kilogramme, seconde, ampère, kelvin, mole, candela.
- L'hydrogène 7 est l'isotope le plus riche en neutrons jamais observé.
- Le niveau de pH d'une solution neutre.
- 7 ans, c'est aussi l'« âge de raison ».
- Le nombre d'années de malheur qui devraient s'abattre sur celui qui aurait cassé un miroir.

La question de Dame Pipi

Quelle est la différence entre la tactique et la stratégie ?

Le but d'une stratégie est d'atteindre un objectif à long terme (dans le monde militaire, une guerre). Celui d'une tactique est d'atteindre un objectif à court terme (dans le monde militaire, une bataille).

Les astuces de Dame Pipi

Un linge plus blanc que blanc

Si vous avez des vêtements clairs qui commencent à tirer sur le gris, utilisez du bicarbonate de sodium pour les blanchir.

Mettez votre linge blanc dans la machine et lancez-la normalement. Au moment du dernier rinçage, ajoutez 300 g de bicarbonate de sodium dans le bac à lessive. Opération à renouveler si nécessaire.

Pour fabriquer un adoucissant naturel :

Versez dans un saladier 2 ou 3 verres de vinaigre blanc, ajoutez-y des écorces d'agrumes (citron, orange). Laissez tremper toute la nuit. Puis retirez les écorces.

Mettez 2 cuillerées à soupe dans le dernier cycle de rinçage de chaque machine.

Le vinaigre blanc sert aussi à l'entretien de votre machine en enlevant le calcaire. Une fois tous les trois mois, remplissez votre bac à lessive avec 1/2 litre et lancez un cycle de lavage court sans essorage. (Pour économiser l'eau, profitez-en pour laver vos serpillières et vos chiffons.)

Le petit coin des listes

LES PLUS BEAUX ET PLUS GRANDS PALAIS DU MONDE

- **La Cité interdite à Pékin**, Chine, est le plus vaste palais au monde, avec ses 9999 pièces réparties sur une surface de 720 000 m^2.
- **Le palais de Topkapi**, à Istanbul, Turquie, 700 000 m^2.
- **Le Palais du Potala**, à Lhassa, Tibet, couvre une surface bâtie de 410 000 m^2.
- **Le Palais de la Hofburg**, à Vienne, Autriche, 240 000 m^2.
- **Le Louvre**, à Paris, couvre une superficie de 210 000 m^2, dont le musée du Louvre occupe 60 600 m^2.
- **Le Palais apostolique du Vatican**, à Rome, Italie, 162 000 m^2.
- **Buckingham Palace**, à Londres, Angleterre, 77 000 m^2.
- **Le château de Versailles** mesure 67 000 m^2.
- **Le palais d'Hiver**, à Saint-Pétersbourg, Russie, aujourd'hui musée de l'Ermitage, 70 000 m^2.
- **Le palais du Parlement**, à Bucarest, Roumanie, 64 800 m^2.

Le petit coin des jeux

1

Dans quelle ville française, la révolte des Canuts a-t-elle eu lieu le 21 novembre 1831 ?

a) Bordeaux
b) Clermont-Ferrand
c) Nancy
d) Lyon

2

En quelle année, l'archiduc François-Ferdinand a-t-il été assassiné ?

a) 1870
b) 1914
c) 1933
d) 1939

3

En quelle année eut lieu la bataille de Marignan ?

a) 1020
b) 1230
c) 1515
d) 1763

4

Quelle personnalité était surnommée le « moine fou » ?

a) Desmond Tutu
b) Malcolm X
c) Henri VIII
d) Raspoutine

Réponses : 1d ; 2b ; 3c ; 4d.

"Nous passons les 12 premiers mois de la vie de notre enfant à lui dire comment marcher et parler, et les 12 suivants à lui dire de s'asseoir et de se taire."

[Phyllis Diller]

La culture pas chiante

LA POPULATION MONDIALE

Nous sommes aujourd'hui plus de 7 milliards sur la planète, et serons vraisemblablement 10 milliards en 2100.
La population mondiale a franchi le premier milliard d'individus en 1830.

On compte environ 402 000 naissances par jour dans le monde, soit 16 750 par heure, 280 par minutes, 4,65 par seconde.

Il y a environ 170 000 décès chaque jour sur Terre.

L'espérance de vie sur Terre est de 65 ans.

Le pays le plus peuplé sera l'Inde en 2030.

450 millions de personnes sont menacées par la montée des eaux.

1 personne sur 3 vit dans une situation de conflit armé.

Nous serons plus de 36 milliards en 2300, enfin peut-être, c'est pas sûr.

Si les Japonais ne redressent pas le tir au niveau de la fécondité, ils ne seront plus que 10 en l'an 3000.

La population du Japon diminue d'année en année en raison de décès plus nombreux que les naissances. Les Japonaises ont 1,4 enfant en moyenne chacune, soit nettement moins que 2,1 – le seuil de fécondité pour assurer le renouvellement de la population à terme.

LES INVENTIONS FRANÇAISES

Que ce soit en médecine, dans les arts ou dans les hautes technologies, la France a contribué depuis le XVIIe siècle à certaines avancées majeures de l'histoire de l'humanité.

La première conférence scientifique internationale a été tenue à Paris le 2 février 1799.

La France a gagné le deuxième plus grand nombre de médailles Fields (mathématiques) après les États-Unis.

Voici quelques inventions célèbres françaises :

- la machine à coudre
- la conserve alimentaire
- l'automobile

La question de Dame Pipi

Paris est plus au nord que Québec, Munich et Genève, vrai ou faux ?

Vrai.

Voici les latitudes de ces villes :

Paris : 48°51 Nord

Munich : 48°08 Nord

Québec : 46°48 Nord

Genève : 46°12 Nord

La latitude est comprise entre 0° (à l'équateur) et 90° (aux pôles). Elle est comptée positivement vers le nord, et négativement vers le sud.

- les allumettes
- le métier à tisser
- le métronome
- la machine à calculer (machine d'arithmétique de Blaise Pascal)
- la montgolfière
- le dirigeable
- la cellule photovoltaïque
- le scooter
- le parachute
- l'hélicoptère
- le sous-marin
- la turbine hydraulique
- la photographie
- les films d'animation
- le cinéma
- le digicode
- la carte à puce
- le TGV
- le minitel
- le service d'ambulance
- le stéthoscope

- le vaccin contre la rage
- la radioactivité artificielle
- la transfusion sanguine
- la chirurgie à distance
- la cigarette électronique

Pissons de rire

PRESS CLUB DE FRANCE
LE PRIX HUMOUR ET POLITIQUE

Pour la douzième année, le jury s'est réuni sous la présidence de Jean Miot. Ce prix récompense l'auteur de la phrase la plus hilarante de l'année, qu'il s'agisse indistinctement d'humour volontaire ou involontaire.

Pour la première sélection du prix 2014, le jury a retenu les meilleures « petites phrases » collectées :

Henri Guaino, député des Yvelines : « Si Nicolas Sarkozy n'avait pas été là, il n'y aurait plus de démocratie en France, en Europe et dans le monde. » BFM TV, 24/11/13

Alain Juppé, maire de Bordeaux : « En politique, on n'est jamais fini. Regardez-moi ! » *Libération*, 18/11/13

Arnaud Montebourg, ministre du Redressement productif : « Je crois à un retour de Nicolas Sarkozy, mais menotté. » France 2, « On n'est pas couché », 21/09/13

Nadine Morano, ancien ministre : « On a une recrudescence de violence… par exemple, le vol des portables à l'arraché. Ça n'existait pas avant que les portables existent. » 29/9/13

Valérie Pécresse, secrétaire générale déléguée de l'UMP : « On a besoin d'une Angela Merkel en France et cela peut être un homme. »

Le petit coin des jeux

1. Qu'est-ce que c'est ?
Il résulte de la gravitation
Sur le cœur il fait pression
Son lancer est digne du champion
Quand il est lourd, c'est un camion

2. Son offre est rémunérée
Du temps il est scolaire
Les jeunes recherchent
Parfois trop longtemps le premier

3. Trouvez l'intrus
B I G L C N B A T I D G D A N C T

Réponses :
1- le poids
2- l'emploi
3- la lettre L
qui n'apparaît qu'une fois.

Le jury a tenu à mettre en exergue cette formule « pur jus » du président François Hollande : « Quand ça va bien, on devrait se rappeler que ça ne va pas durer. Et quand ça va mal, on peut penser que cela pourrait aller plus mal ou que ça ne va pas durer. »

LE CINÉMA DE TARANTINO

Tarantino fait de nombreuses références plus ou moins visibles au cinéma d'action de différents pays (en particulier, les films asiatiques comme les films de kung-fu et les films d'arts martiaux chinois ou encore les films de sabre japonais). On note plusieurs analogies avec le cinéma de genre, la série B mais aussi des œuvres érotiques, notamment celles de Russ Meyer. Il lui est parfois reproché un art de la citation proche du pillage, et il a même été qualifié de « kleptomane du cinéma ».

Tarantino possède une immense culture cinématographique et montre un formidable enthousiasme pour le cinéma depuis son enfance. C'est un fervent admirateur, entre autres, de Sergio Leone, qu'il cite comme son réalisateur préféré, Howard Hawks, Brian De Palma, Martin Scorsese, John Woo, Jean-Luc Godard, Jean-Pierre Melville, Robert Aldrich, Samuel Fuller et Sergio Corbucci.

Il a déclaré que ses douze films préférés étaient :

Le Bon, la brute et le truand (The Good, the Bad and the Ugly) de Sergio Leone (qui influença l'écriture de *Django Unchained*)

Rio Bravo de Howard Hawks

Taxi Driver de Martin Scorsese

La Dame du vendredi (His Girl Friday) de Howard Hawks

Légitime violence (Rolling Thunder) de John Flynn

Et tout le monde riait (They All Laughed) de Peter Bogdanovich

“J'ai dit à mon psychanalyste que tout le monde me haïssait. Il m'a répondu que c'était ridicule, car tout le monde ne m'avait pas encore rencontré.”

[Rodney Dangerfield]

La question de Dame Pipi

Quelle est la différence entre concave et convexe ?

Une forme concave est une forme creuse : l'intérieur d'un bol par exemple. Une forme convexe est une forme bombée : un bol à l'envers par exemple.

La Grande évasion (The Great Escape) de John Sturges

Carrie au bal du diable (Carrie) de Brian De Palma

Coffy, la panthère noire de Harlem (Coffy) de Jack Hill (qui influença l'écriture et la réalisation de *Jackie Brown*)

Génération rebelle (Dazed and Confused) de Richard Linklater

La Main de fer (Five Fingers of Death ou King Boxer) de Chang-Hwa Jeong

Hi Diddle Diddle d'Andrew L. Stone

Je vois tout, je sais tout

POURQUOI A-T-ON UN PRÉNOM ET UN NOM ?

À l'époque romaine, les gens avaient trois noms : le prénom, le nom du clan et le surnom. Ce système fut appliqué dans tout l'Empire romain (dont la Gaule) jusqu'à la chute de l'Empire au ve siècle.

Par la suite, et jusqu'au xie siècle, les gens ne portaient qu'un seul nom.

À partir du xie siècle, on prit l'habitude d'ajouter des surnoms aux noms, pour pouvoir les distinguer. Ces surnoms désignaient par exemple le nom du père, un lieu, un titre, un métier, ou encore une particularité physique. Ils étaient souvent transmis de père en fils, et devinrent peu à peu les noms de famille que nous connaissons.

En France, l'attribution des noms et prénoms a été réglementée à plusieurs reprises. Par exemple,

"La femme adultère est souvent une femme fidèle à la recherche de son homme, il y aurait lieu de la louer de cette persévérance."

[Natalie Clifford Barney]

Pisse trois gouttes

Le 1er mai 1886, aux États-Unis, 200 000 travailleurs obtiennent la journée de huit heures grâce à une forte pression des syndicats. Mais un affrontement avec la police cause la mort de plusieurs personnes.
En souvenir de cette victoire amère, les syndicats européens instituent, quelques années plus tard, une « journée internationale des travailleurs » ou « Fête des travailleurs » destinée à se renouveler tous les 1er mai.
Cette journée est aujourd'hui appelée « Fête du Travail », bien que l'expression prête à confusion. (On ne fête pas le travail à proprement parler mais l'on honore les travailleurs.)

en 1474, Louis XI interdit de changer de nom sans une autorisation royale. En 1539, François Ier rendit obligatoire la tenue de registres de naissance, et cette tâche fut confiée aux curés. L'Église donna pour consigne qu'on attribue à chaque nouveau-né le prénom d'un saint, qui lui servirait de modèle ou de protecteur.

Aujourd'hui, et depuis la loi de 1993, les parents français peuvent choisir tout type de prénom pour leur enfant, à condition de ne pas lui porter préjudice.

ET SI LES FRANÇAIS N'AVAIENT PAS BONNE RÉPUTATION ?

Il y a 28 catégories de sites en France figurant sur la liste du patrimoine mondial de l'Unesco, y compris les 3 sites romains (Arles, Orange et Le Gard), 4 cathédrales (Amiens, Bourges, Chartres, Reims), 4 abbayes (Fontenay, Reims, Saint-Savin-sur-Gartempe et Vézelay), 8 centres de villes historiques (Paris, Strasbourg, Lyon, Avignon, Le Havre, Mont-Saint-Michel, Provins et Carcassonne), ainsi que de nombreux beffrois, châteaux et palais.

Et pourtant, cela ne semble pas suffire. Les très bons chiffres des entrées de touristes sur le territoire français masquent une réalité plus complexe : beaucoup d'entre eux ne font que passer dans le carrefour géographique qu'est la France, sans forcément y rester et y consommer. Les touristes étrangers séjourneraient en moyenne deux semaines en Espagne, contre seulement une semaine dans l'Hexagone. Et pour cause, Paris figure cette année dans le classement des dix villes les moins accueillantes au monde pour les touristes. Selon les votes des lecteurs du magazine *Condé Nast Travelers*, la capitale française figure en quatrième position. Cannes est deuxième de ce classement, Marseille cinquième, ce qui fait clairement de la France le pays dont les destinations sont les plus mal perçues.

"Parler pour ne rien dire et ne rien dire pour parler sont les deux principes majeurs et rigoureux de tous ceux qui feraient mieux de la fermer avant de l'ouvrir."

[Pierre Dac]

LES SITES LES PLUS VISITÉS

1 - Disneyland Paris

2 - Musée du Louvre

3 - Château de Versailles

4 - Tour Eiffel

5 - Musée d'art moderne du Centre Pompidou

6 - Musée d'Orsay

7 - Cité des Sciences de la Villette

8 - Museum national d'histoire naturelle

9 - Arc de Triomphe

10 - Puy du Fou (grand Parc + Cinéscénie), Les Épesses

11 - Parc Astérix, Plailly

12 - Parc Futuroscope, Poitiers

Le petit coin des jeux

1. Quel film a réuni sur les écrans Isabelle Adjani et Sharon Stone ?
   a) *Diabolique*
   b) *Ange et démon*
   c) *Les Sorcières*
   d) *Les Ensorceleuses*

2. À quel réalisateur français doit-on *Le Corniaud* ou *La Grande vadrouille* ?
   a) Patrice Lefebvre
   b) Claude Zidi
   c) Patrice Leconte
   d) Gérard Oury

3. À quel groupe musical international doit-on la bande originale du film *Flash Gordon* ?
   a) Queen
   b) Yes
   c) Led Zeppelin
   d) The Doors

4. À quel réalisateur français doit-on le film *Banzaï* ?
   a) Claude Lelouch
   b) Claude Zidi
   c) Claude Chabrol
   d) Claude Sautet

Réponses : 1a ; 2d ; 3a ; 4b.

Les conseils de Dame Pipi

Utilisez du curcuma en cuisine

Cet ingrédient clé des currys pousse à l'état sauvage dans la jungle malaisienne. La curcumine, un de ses composés, pourrait permettre de brûler la graisse. Elle serait aussi la meilleure épice anticancer. Toutefois, de hautes doses sont nécessaires, la curcumine n'étant pas très bien absorbée par l'organisme.

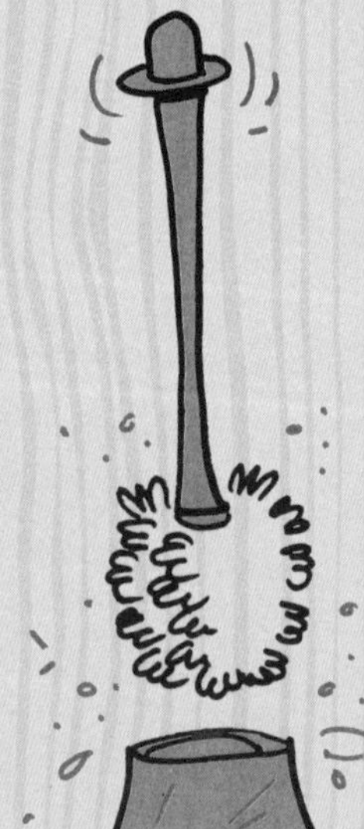

La vraie vérité

LES COSMONAUTES FANTÔMES

Il s'agit de rumeurs selon lesquelles l'URSS aurait pendant des années dissimulé des missions spatiales qui se seraient terminées tragiquement. Notamment des essais avant le vol de Youri Gagarine sur la Lune.
Au lendemain de la Seconde Guerre mondiale, les États-Unis et l'URSS se livraient à une course à l'espace dans le contexte de la guerre froide. Le régime soviétique ne voulait faire état que de ses réussites. Il parvint à cacher puis nier l'existence du « programme lunaire habité soviétique » tout entier qui avait pourtant mobilisé des milliers de personnes. Le régime aurait supprimé toute trace de l'existence même des cosmonautes ayant participé et péri lors de ces missions, au point d'envoyer leurs familles et amis au goulag. Beaucoup de ces cosmonautes – réels ou imaginaires – ont été au cours des années présentés comme des victimes cachées du programme spatial soviétique, sans qu'aucune preuve n'ait jamais pu être apportée. Le mystère reste entier.

Le petit coin des listes

10 FAITS AMUSANTS SUR L'ODORAT

1. Toute personne a une odeur unique semblable à une empreinte digitale – donc personne ne sent la même chose, sauf les jumeaux identiques.
2. Le cerveau humain est capable de traiter environ 10 000 odeurs différentes sur une zone de la taille d'un timbre-poste.
3. L'olfaction est plus performante chez les femmes que chez les hommes.
4. La capacité de percevoir une odeur est faible le matin et augmente tout au long de la journée.
5. Les aliments dégagent des odeurs qui vont passer dans l'arrière-gorge pour parfumer l'intérieur du nez et générer environ 80% des sensations attribuées au goût. C'est pourquoi la saveur est diminuée lors d'un rhume ou de la grippe.
6. L'exposition prolongée à des odeurs désagréables peut réellement nuire à votre capacité de sentir. Le port d'un masque sur le nez et la bouche peut aider à réduire les effets des mauvaises odeurs.
7. Les odeurs sont fortement liées à la mémoire et créent des liens vers les régions émotionnelles du cerveau plus directement que les autres sens.
8. Notre sens de l'odorat est plus fort au printemps et en été à cause de l'humidité présente dans l'air. Il est également plus fort après une séance d'exercice en raison de l'humidité supplémentaire dans la cavité nasale.
9. L'odorat fonctionne dans le sens inverse des autres sens. Avec la vue, l'ouïe et le goût, nous identifions l'information d'abord et ensuite réagissons émotionnellement. Avec les parfums, nous avons une réaction émotionnelle d'abord et ensuite nous identifions l'odeur.
10. Les gens peuvent se souvenir des odeurs avec 65% de précision après un an, tandis que le rappel visuel est d'environ 50% après trois mois.

La culture pas chiante

Le 18 septembre 1981, à Paris, l'Assemblée nationale vote la loi d'abolition de la peine de mort présentée par le garde des Sceaux, Robert Badinter.

369 députés votent en sa faveur et 113 s'y opposent. Cette initiative met la France au diapason des autres pays d'Europe occidentale. C'est la principale mesure qui reste des deux septennats du président François Mitterrand.

C'ÉTAIT AVANT

- Le nom « France » vient des Francs, une tribu germanique qui s'est établie dans l'Empire romain d'Occident (aux alentours de la Belgique actuelle) à partir du IIe siècle, puis a repris le contrôle politique de la Gaule après la chute de l'Empire.

- L'État français est l'un des plus anciens en Europe ; il fut fondée en 843, suite à la division de l'Empire carolingien, basé à Aix-la-Chapelle (frontière belgo-allemande).

- La région parisienne a été habitée depuis environ 4200 avant notre ère. La ville en elle-même a été fondée par les Parisii, une tribu celte, vers 250 avant notre ère. Les Romains la renommèrent Lutetia en 52 avant notre ère, et elle ne devint connue sous le nom de Paris qu'après la chute de l'Empire romain d'Occident au Ve siècle.

- *La Marseillaise* a été composée à Strasbourg en 1792, pas à Marseille, comme son nom pourrait inciter à le penser.

“Si vous pensez que vous êtes trop petit pour faire une différence, essayez de dormir dans une chambre fermée avec un moustique.”

[Proverbe africain]

Les conseils de Dame Pipi

COMMENT SE DÉBARRASSER DES MOUCHES ?

Il suffit de couper un citron en deux et de piquer chacune des deux parties d'une quinzaine de clous de girofle.

Remplacez les citrons au bout de 2 à 3 semaines.

- **À son apogée, entre 1919 et 1939, le second Empire colonial français s'étendait sur 12 347 000 km², soit 8,6% de la superficie terrestre mondiale. Il s'agit de plus de 22 fois la taille de la France métropolitaine moderne.**

La question de Dame Pipi

Quelle est la différence entre un coup d'État et une révolution ?

Le coup d'État et la révolution sont tous deux des moyens de renverser un pouvoir politique en place en utilisant la force. Mais ils se distinguent dans la mesure où le coup d'État est exercé par un groupe de personnes restreint et qu'il est illégal et illégitime alors que la révolution est exercée par le peuple et qu'elle est illégale mais légitime.

La culture pas chiante

Le foie gras fait sans doute partie intégrante de la cuisine française, mais ses origines remontent à l'Égypte ancienne, il y a 4500 ans, d'où il se propagea à la Grèce (500 avant notre ère). Puis la recette fut importée par les Romains et rapportée jusqu'en Gaule.

"En politique, il faut donner ce qu'on n'a pas, et promettre ce qu'on ne peut pas donner."

CE QUE VOUS CROYEZ N'EST PAS VRAI

- **Non, la citronnelle et l'obscurité ne font pas fuir les moustiques, c'est le CO_2 dégagé par la peau et la respiration qui les attire. À cela s'ajoutent la chaleur et certaines odeurs corporelles.**

- **Non, le caméléon ne change pas de couleur pour se camoufler, mais en fonction de son « stress environnemental », de son humeur. Par exemple, si une femelle est dans les parages, ou s'il est en concurrence avec un autre mâle...**

- **Non, la pleine lune ne blanchit pas le linge. Le pouvoir décolorant nocturne est le résultat d'un processus chimique : le jour, l'ozone se décompose. Les produits de cette décomposition forment de l'eau oxygénée qui se dépose la nuit à la surface du sol et du linge, lorsqu'il est étendu au grand air. Et l'eau oxygénée éclaircit.**

Le petit coin des listes

LES CÔTES FRANÇAISES

Les stations balnéaires françaises ont été dotées des noms accrocheurs ou poétiques, généralement des noms de pierres (semi-) précieuses.

Sur la côte de la Manche et de la mer du Nord, vous trouverez :

la côte d'Opale
la côte d'Albâtre
la côte de Nacre
la côte d'Émeraude
la côte de granite rose

Sur la côte atlantique, s'étirent :

la côte de Jade,
la côte d'Argent,
la côte d'Amour

Sur la côte méditerranéenne :

la côte d'Améthyste,
la côte de Ruby,
la côte d'Azur

"La femme serait vraiment l'égale de l'homme le jour où, à un poste important, on désignerait une femme incompétente."

[Françoise Giroud]

NOUS SERONS BIENTÔT IMMORTELS

Reprogrammation biologique, impression 3D d'organes et de tissus, prothèses sensibles, implants cérébraux… la médecine régénératrice a le vent en poupe.

Certains voient même, dans un futur proche, la création de « surhommes ».

On parle alors d'homme augmenté. Il serait le résultat de « toute modification visant à améliorer la performance humaine : courir plus vite, voir dans la nuit, supporter la douleur ou peut-être posséder des capacités intellectuelles accrues… »

Puces dans le cerveau, œil bionique, implants… un organe peut être non seulement remplacé mais aussi amélioré. D'un homme réparé pour raison médicale, nous allons vers un homme bionique.

Ray Kurzweil est un scientifique réputé, inventeur de systèmes de reconnaissance vocale et ancien conseiller de l'armée US. Il croit à un futur où nous verrons notre vie s'allonger toujours plus, jusqu'à devenir quasiment immortels.

Une batterie de milliardaires et d'entreprises (comme Google ou Facebook) financent déjà des projets de recherche bien concrets.

LE SAVIEZ-VOUS ?

Le baccalauréat a été créé par Napoléon Ier en 1808 (année durant laquelle il n'y a eu que 21 bacheliers).

Le mot « baccalauréat » vient de *bacca laurea*, ou « baie de laurier », en l'honneur de la célèbre couronne de feuilles et de baies de laurier portée par Jules César.

Le baccalauréat est un examen qui se passe à tout âge. Ainsi, le plus jeune candidat de 2014 a 13 ans tandis que le plus vieux a soufflé ses 92 bougies, soit un écart entre les deux de 79 ans.

Le coût des épreuves du bac pour chaque candidat est estimé à 80 euros. Ce forfait comprend l'examen, l'organisation des épreuves, l'indemnisation des correcteurs ou encore l'impression des sujets.

Les 4 000 000 copies imprimées équivalent à près de 471 arbres abattus.

À cause du stress, chaque candidat va dépenser au total 1380 calories en moyenne.

Chaque année, en juin, environ 680 000 candidats (toutes filières confondues) passent les épreuves du bac.

"La question est celle-ci : d'où vient l'homme ? Où va l'homme ? Je la résous triomphalement en disant : l'homme va et vient dans la nuit."

Les confidences de Dame Pipi

Le Roumain Ilie Nastase est connu à la fois pour ses exploits sportifs et ses excentricités : il a déjà joué un match à Wimbledon avec un… parapluie.

En 1977 à Roland-Garros, Ilie Nastase devait affronter en double la paire Bertolucci/Adriano Panatta. Ces derniers étaient favoris, mais Nastase, sachant que Panatta (qui avait remporté Roland-Garros en simple l'année précédente) était très superstitieux, mit en place un stratagème pour perturber son adversaire : il enferma un chat noir dans son sac, puis au bout de quelques minutes de jeu, prétexta un incident et ouvrit son sac. Le chat se sauva et traversa le terrain en fonçant vers Panatta, ce qui lui fit perdre sa concentration et le match.

Le petit coin des listes

DES SPORTS POUR LES KAMIKAZES

- **Le barefoot** (nu pieds en anglais) est, comme son nom l'indique, un sport où le skieur fait du ski nautique… sans ski. Le skieur glisse, pieds nus sur l'eau, à des vitesses impressionnantes allant jusqu'à 75 km/h.
- **Le vol en wingsuit** (ailière) est un type de saut effectué à l'aide d'une combinaison de saut souple en forme d'ailes. La phase du vol peut durer jusqu'à 2 minutes durant lesquelles la vitesse du planeur peut atteindre 120 km/h. La moindre brise pouvant être fatale…
- **Le skysurf** : même si cette discipline n'existe plus en compétition depuis 2008, il n'en reste pas moins qu'il s'agit véritablement d'un sport à couper le souffle. Le surfeur se tient debout sur une planche – qui rappelle celle utilisée par les skateboarders – et c'est parti pour un saut en parachute.
- **Le bodyboard** : en position allongée ou un genou sur la planche, les bodyboarders surfent sur une planche plus courte et plus maniable que les planches de surf traditionnelles. La maîtrise de ce sport nécessite de

"Dieu en vain tu ne jugeras" est la seule courtoisie valable ; il est ridicule de cracher sur son miroir."

[Alfred Jarry]

véritables aptitudes physiques, d'autant plus que les professionnels en font de plus en plus un sport de l'extrême en s'attaquant aux vagues les plus inaccessibles pour réaliser des figures aériennes des plus spectaculaires.

- **La street luge** : une route goudronnée, une descente et une luge. Équipés des mêmes protections que les pilotes de motos, les streetlugeurs possèdent des freins sous leurs chaussures. Et c'est préférable pour descendre des routes à plus de 100 km/h.
- **Le base jumping** consiste à sauter dans le vide notamment depuis une falaise, avant d'ouvrir son parachute… le plus tard possible. Les adeptes peuvent aller à plus de 180 km/h.

Les confidences de Dame Pipi

À TÉLÉCHARGER GRATUITEMENT

Dès qu'une œuvre tombe dans le domaine public, elle peut être « uploadée » sur le site archive.org. La liste ne peut donc que s'agrandir. Pour les cinéphiles, c'est une véritable caverne d'Ali Baba. On peut déjà y trouver près de 5000 longs-métrages, regardables en streaming, mais également disponibles en téléchargement (très souvent de haute qualité). Films noirs, films d'horreur, cinéma Bis, screwball comedy, le choix est vaste.

Voici quelques exemples :

- ***Freaks*** : film culte américain réalisé par Tod Browning, sorti en 1932.
- ***Metropolis*** : film expressionniste de science-fiction allemand, réalisé en 1927 par le réalisateur autrichien Fritz Lang.
- ***The 39 Steps*** : film dirigé par Alfred Hitchcock en 1935.
- ***Le Fantôme de l'Opéra*** : addapté en 1925 du roman de Gaston Leroux.
- ***La Nuit des morts-vivants***, un film américain réalisé en 1968 par George A. Romero. Un problème de dépôt fait qu'il est libre de droit.
- ***Le Vagabond (The Tramp)*** est une comédie burlesque américaine de et avec Charlie Chaplin, sortie en 1915.
- ***Cyrano de Bergerac*** (1950) : film américain réalisé par Michael Gordon, sorti en 1950. Il s'agit de l'une des nombreuses adaptations cinématographiques de l'œuvre d'Edmond Rostand, *Cyrano de Bergerac*.

La culture pas chiante

Bouddha est souvent représenté bien en chair. Et pourtant le Bouddha historique, reconnu comme le principal bouddha par la plupart des traditions, Siddharta Gautama, était plutôt mince. Il a même connu une période d'ascèse extrême, avant de se lancer dans la voie médiane de la méditation.

Le gros Bouddha est en fait un bouddha postérieur, nommé Budai, un moine chinois du xe siècle ayant lui aussi atteint le Nirvana. Encore connu comme le « Bouddha rieur », il traîne derrière lui une légende de bonté et d'amour envers les enfants, dont il transportait les jouets cassés dans son sac pour les réparer. L'estomac étant le siège de l'âme en Chine antique, son large ventre symboliserait son grand cœur.

Le petit coin des jeux

1

Pas très aimé des citadins
Enfants et vieux aiment l'attirer
Il peuple pourtant toits et jardins
Des escrocs, il est le jouet

2

C'est la partie intégrante d'un pont
Le rendre, c'est en avoir ras le bol
Contre les taches, c'est une protection

3

Dans quelle ville se trouve la fontaine de Trevi ?

a) Rome
b) Venise
c) Barcelone
d) Séville

4

En quoi un nihiliste croit-il ?

a) En la chance
b) En tout
c) En rien
d) En lui-même

5

Avec quoi mesure-t-on la profondeur des océans ?

a) Un sextant
b) Un sonar
c) Un radar
d) Un compteur Geiger

Réponses : 1- pigeon ; 2- tablier ; 3a ; 4c ; 5b.

"Ceux qui aiment marcher en rangs sur une musique, ce ne peut être que par erreur qu'ils ont reçu un cerveau, une moelle épinière leur suffirait amplement."

[Albert Einstein]

Les confidences de Dame Pipi

L'ALCOOL NOURRIT

- Les boissons alcoolisées sont souvent riches en calories et leur consommation régulière peut entraîner un gain de poids.
- Parmi les adultes qui boivent, on estime que près de 10% de leur apport calorique quotidien provient de l'alcool.
- Un verre de vin blanc (250 ml) = 180 calories = une part de pizza = 3,2 kilomètres de marche
- Un verre de vin rouge = 211 calories = un bifteck de 100 g = 1 heure de natation
- Une pinte de bière = 170 calories = 90 fraises = une demi-heure de course
- Une piña colada (ou mojito) = 450 calories = un cheeseburger = une heure et demie de vélo
- Un Ricard 4c = 130 calories = salade de pâtes végétarienne = 1 heure de golf
- Une flûte de champagne brut = 70 calories = 100 g de petits pois = moins d'une heure de yoga

Le savais-tu ?

TOUT EST BON DANS LES DICTONS

Les proverbes et expressions liés au chat se comptent par dizaines en langue française. La plupart de ces dictons datent de plusieurs siècles ; certains remontent même au Moyen Âge.

« À bon chat, bon rat » : se dit de deux ennemis également pugnaces. Un bon chasseur peut trouver un adversaire à sa mesure.

« Chat échaudé craint l'eau froide » : après une expérience malheureuse, on en arrive à craindre des choses inoffensives.

« Les chiens ne font pas des chats » : on garde toujours les caractéristiques de ses parents.

« Quand le chat n'est pas là, les souris dansent » : le supérieur absent, les subordonnés en profitent pour ne plus travailler.

« La nuit, tous les chats sont gris » : dans l'obscurité, les détails s'estompent et l'on peut confondre des objets différents. Autre sens : on peut se conduire comme on veut tant qu'on ne se fait pas prendre.

« Il ne faut pas réveiller le chat qui dort » : il faut éviter de réactiver une source de danger lorsqu'elle s'est mise en sommeil.

« Ne faites pas confiance au chat quand il y a du poisson au menu » : proverbe malgache.

« Il est difficile d'attraper un chat noir dans une pièce sombre, surtout quand il n'y est pas » : proverbe chinois.

« Peu importe que le chat soit gris ou noir pourvu qu'il attrape les souris » : proverbe chinois et devise de Deng Xiaoping.

« Qui est né chat pourchasse les souris » (proverbe italien) : on ne peut pas lutter contre sa propre nature.

« Le chat aime manger le poisson, mais pas le pêcher » : se dit d'une personne profiteuse.

« Avoir des yeux de chat » : bien voir dans l'obscurité.

« Avoir un chat dans la gorge » : être enroué.

« Donner sa langue au chat » : initialement rester sans voix ; par extension, avouer son ignorance, arrêter de réfléchir à un problème et demander la solution.

« Avoir d'autres chats à fouetter » : avoir des choses plus importantes à faire que celles qui nous sont proposées.

« Il n'y a pas de quoi fouetter un chat » : c'est une affaire sans importance.

« Être comme chien et chat » : avoir des relations tendues, difficiles.

« Il n'y a pas un chat » ou **« il n'y a pas la queue d'un chat »** : il n'y a personne. Cette phrase est très répandue dès le XVIIIe siècle, en particulier dans la correspondance de Voltaire.

« Appeler un chat un chat » : appeler les choses par leur nom.

« Jouer au chat et à la souris » : s'épier sans vouloir ou pouvoir se rencontrer.

« Retomber comme un chat sur ses pattes » : se tirer adroitement d'une situation difficile.

« Pipi de chat » : chose de peu de conséquence ou bien boisson, en particulier bière, de mauvais goût.

« Faire une toilette de chat » : se laver sommairement, sans trop se mouiller.

Le petit coin des jeux

1 - Avec quel autre animal vit généralement une oie ?

a) Le canard
b) Le jars
c) Le cygne
d) La poule

2 - Dans quoi vit le rat des moissons ?

a) Dans un nid
b) Dans une tannière
c) Dans un antre
d) Dans un tronc creux

3 - Comment se nomme le plus grand spécimen de chouette ?

a) Grand-comte
b) Grand-duc
c) Grand-roi
d) Grand-prince

4 - Quel animal est la femelle du sanglier ?

a) La truie
b) La hase
c) La truite
d) La laie

5 - Quel animal chante ?

a) La chauve-souris
b) La chèvre
c) La baleine
d) Le dauphin

Réponses : 1b ; 2a ; 3b ; 4d ; 5c.

“Les deux tiers des enfants du monde meurent de faim, alors même que le troisième tiers crève de son excès de cholestérol.”

[Pierre Desproges]

La culture pas chiante

L'OREILLE ABSOLUE DE MOZART

Aux XVIIe et XVIIIe siècles, on jouait le *Miserere* de Gregorio Allegri à Rome, dans la chapelle Sixtine, pendant la semaine de Pâques. On ne pouvait l'entendre nulle part ailleurs et ce morceau, chanté a cappella, était célèbre dans toute l'Europe. Le manuscrit d'Allegri était gardé secret par le Vatican qui interdisait à ses musiciens de le transcrire ou de le jouer ailleurs, sous peine d'excommunication.

En 1770, Mozart, alors âgé de 14 ans, assiste avec son père à la messe de Pâques. De retour chez lui, Mozart reproduit de mémoire l'intégralité du *Miserere* sur partition. Le *Miserere* obtenu est publié en 1771 et l'interdiction papale levée. C'est aujourd'hui l'œuvre de la Renaissance la plus connue et la plus enregistrée.

Mozart avait « l'oreille absolue », c'est-à-dire la faculté de pouvoir reconnaître ou chanter n'importe quelle note, sans avoir de repère. En Europe et aux États-Unis, seule une personne sur dix mille serait dotée de cette capacité. Aujourd'hui, on pense que tout le monde a potentiellement cette aptitude à la naissance et qu'elle se construit par apprentissage les premières années, comme le langage. 95% des musiciens dotés de l'oreille absolue ont ainsi commencé la musique avant sept ans.

TOP 10 : LES SPORTS LES PLUS EN VOGUE AU MONDE

N°10 : BASKET)-BALL

300-400 millions de gens regardent le basket chaque année (notamment aux USA et Canada). 3e sport national aux États-Unis. 300 000 licenciés masculins en France.

N°9 : FOOTBALL AMÉRICAIN

350-450 millions de gens regardent le foot américain chaque année (notamment aux USA).

On compte 20 000 licenciés en France (source FFFA).

N°8 : GOLF

400-500 millions de téléspectateurs regardent le golf chaque année (USA, Canada, Europe).

Avec 64 millions de joueurs, le golf est le sport individuel le plus pratiqué au monde.

N°7 : BASE-BALL

400-500 millions de personnes regardent le base-ball à la télévision chaque année (USA, Japon, Cuba, République dominicaine).

Le base-ball, c'est 50 millions de pratiquants sur les cinq continents (122 pays affiliés), dont environ 12 millions aux USA.

N°6 : PING-PONG

900 millions de téléspectateurs regardent le tennis de table chaque année (Asie, Europe, Afrique, Amérique).

Avec 17 millions de licenciés et des pratiquants à chaque coin de rue, le tennis de table est une passion nationale en Chine.

N°5 : VOLLEY-BALL

1 milliard de personnes scrutent le volley-ball chaque année (Asie, Europe, Amérique, Australie).

Avec 260 millions de pratiquants, dont 100 000 en France, il s'agit de l'un des sports les plus populaires au monde.

N°4 : TENNIS

1 milliard de téléspectateurs regardent le tennis chaque année (Europe, Amérique, Asie) et plus d'1 million de licenciés en France.

N°3 : HOCKEY SUR GAZON

2 milliards de personnes regardent le hockey sur gazon chaque année (Asie, Europe, Afrique, Australie).

N°2 : CRICKET

3 milliards de téléspectateurs regardent le cricket chaque année (Inde, Royaume-Uni, Pakistan, Asie, Australie, etc.).

N°1 : FOOTBALL

Bien sûr, le football avec 3,5 milliards de téléspectateurs qui regardent le football chaque année. En 2012, la Fédération française de football a délivré 1 973 260 licences.

VERS UNE NOURRITURE PLUS PAUVRE

Et voilà le résultat d'un siècle de politique agricole en faveur de l'agriculture intensive.

Moins sains : des études font état d'une dégringolade de la concentration en nutriments dans nos aliments. Même dans les aliments réputés sains, vitamines A et C, protéines, phosphore, calcium, fer et autres minéraux ou oligo-éléments ont été divisés par deux, par 25, voire par 100, en un demi-siècle.
Vitamine C : une pomme de 1950 équivaut à 100 pommes aujourd'hui.
Vitamine A : une orange d'hier vaut 21 oranges d'aujourd'hui.
Fer : aujourd'hui la viande en contient deux fois moins.
Calcium : quatre fois moins dans le brocoli.
Valeurs nutritionnelles : 1 pêche en 1950 est égale à 26 aujourd'hui.

Pissons de rire

BILL GATES, UN VIEILLARD, UN HIPPY ET UN PILOTE SONT DANS UN AVION

Il n'y a que trois parachutes. L'avion prend feu, le pilote prend l'un des trois parachutes et saute. Bill Gates dit : *« Je suis l'homme le plus intelligent de la terre, je DOIS sauver ma vie car le monde a BESOIN de moi ! »* Il prend un parachute et saute.

Le vieillard dit au hippy : *« Je suis vieux et toi tu es jeune, tu dois sauver ta vie. »*

Le hippy lui répond : *« T'inquiète pas, mon frère, l'homme le plus intelligent du monde vient de prendre mon sac à dos ! »*

Moins de choix : 150 variétés de plantes seulement nourrissent la plus grande partie de l'humanité, alors que l'homme a cultivé jusqu'à 10 000 variétés différentes de légumes. Depuis le début du siècle dernier, les trois quarts environ de la diversité génétique des plantes cultivées ont été perdus à tout jamais.

En France : (sans les hybrides)

46 variétés de carottes en 1900 = 6 variétés en 2014.

15 variétés de poireaux en 1900 = 3 variétés en 2014.

73 variétés de melons en 1900 = 1 variété en 2014.

30 variétés de tomates en 1900 = 7 variétés en 2014.

12 variétés de céleris branches en 1900 = 2 variétés en 2014.

12 variétés de betteraves rouges en 1900 = 2 variétés en 2014.

19 variétés de concombres en 1900 = 0 variété en 2014.

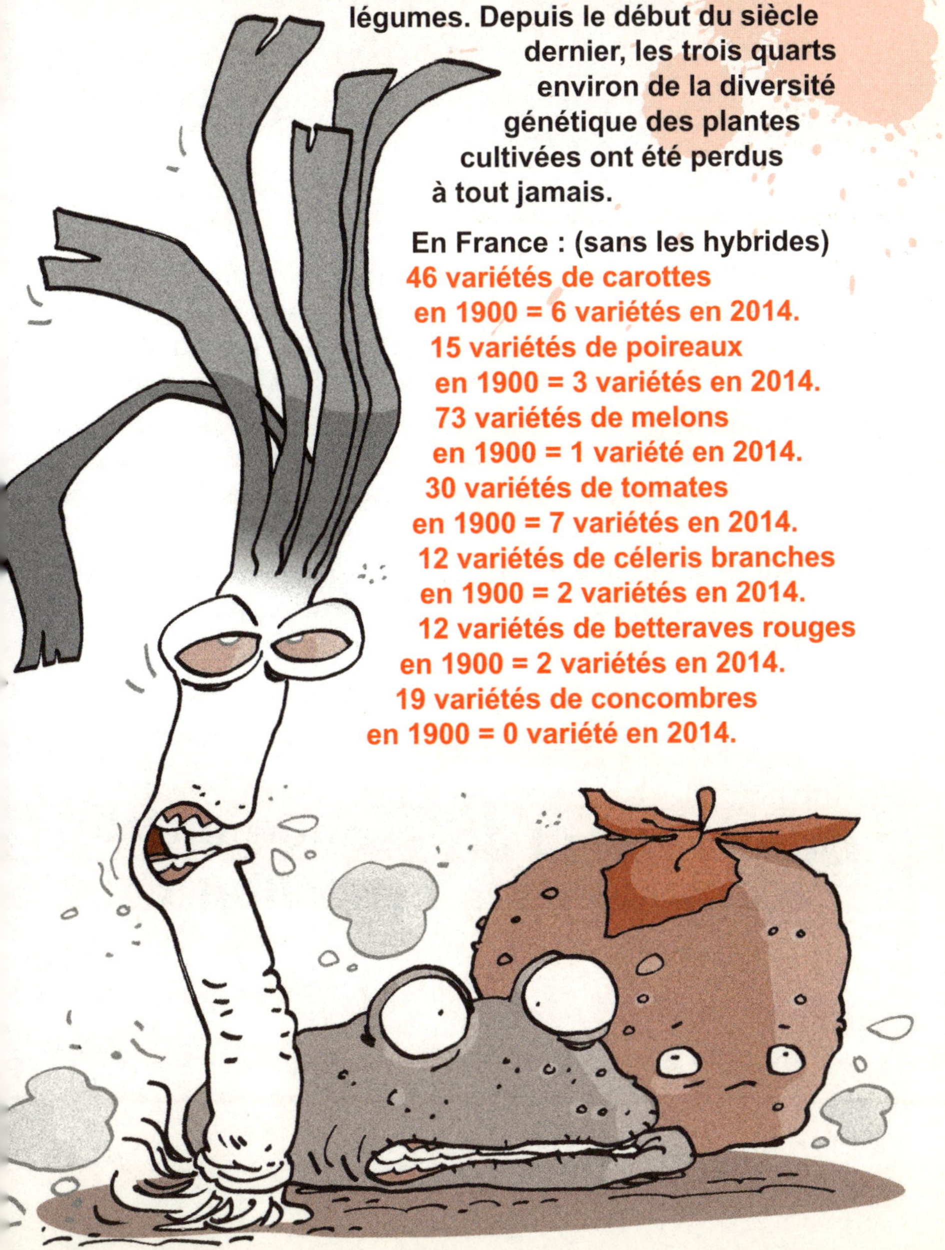

Pissons de rire

LEUR LANGUE A FOURCHÉ

Les lapsus rigolos qui ont fait le buzz en 2014 :

- **Lu sur le Twitter du 8 janvier, @partisocialiste : « Harlem Désir en déplacement à Jarnac pour la commémoration de la disparition de François Hollande. » Il s'agit plutôt de François Mitterrand !**
- **Nicolas Sarkozy lors d'un meeting à Saint-Cyr-sur-Loire, le 15 octobre : « Comme vous le savez, je suis opposé à la gestion pour autrui. » Il parlait de la gestation...**
- **Entendu à Sciences Po, le 11 septembre : « La France veut agir en Chirac. » En Irak, M. Fabius, pas en Chirac...**

La question de Dame pipi

Quelle est la différence entre le dièse et le croisillon ?

Le symbole #, qu'on appelle souvent dièse par erreur, est en fait un croisillon. Le vrai dièse est le symbole ♯, utilisé dans le solfège.

- Entendu sur France 2, le 9 novembre, dans l'émission « Le jour du Seigneur ». Paroles d'un prêtre : « On se serre les couilles. »
- Sur BFM TV le 1er décembre, Benoist Apparu est interviewé au téléphone : « Eh bien, déjà, permettez-moi de vous dire que je ne partage pas l'analyse politique d'Apolline de La Merde. » Cela n'a pas du faire plaisir à Apolline de Malherbe !
- Pierre Moscovici sur Europe 1, le 22 juillet : « Quand j'étais ministre des Finances, je me suis battu [...] pour que nous fassions en sorte de sortir de la zone euro. » Pour rester aurait été plus approprié.
- François Hollande en réponse à une question sur la mise en examen de Nicolas Sarkozy, lors de son interview du 14 juillet : « Chacun doit être certain qu'il est prisonnier... présumé innocent avant d'avoir été condamné. ».
- Yves Jégo parlant de l'UDI, sur LCI, le 16 juillet : « On a une ambition claire d'une UMP large, ouverte à tous, tolérante, bienveillante. » M. Jégo est bien candidat à la présidence de l'UDI ?

Le petit coin des jeux

1 - De quel pays est originaire le muguet ?

a) La France
b) Le Japon
c) L'Inde
d) La Roumanie

2 - À Noël, sous quelle plante doit-on s'embrasser ?

a) La vigne vierge
b) Le ficus
c) Le gui
d) Le laurier

3 - Quel auteur a écrit *La Dame aux camélias* ?

a) Victor Hugo
b) Alexandre Dumas
c) Alfred de Musset
d) Guy de Maupassant

4 - À l'origine, de quel pays provient la tulipe ?

a) La Chine
b) La Turquie
c) Le Mexique
d) Le Chili

5 - Quelle fleur est, en France, le symbole de la royauté ?

a) Le lys
b) La pervenche
c) La marguerite
d) Le bleuet

Réponses : 1b ; 2c ; 3b ; 4b ; 5a.

La question de Dame Pipi

Quelle est la signification du drapeau américain ?

Les 13 bandes représentent les 13 colonies britanniques sécessionnistes à l'origine de la création de l'État américain. Depuis le 4 juillet 1960, date de l'entrée d'Hawaï dans l'Union, il y a 50 étoiles sur le drapeau, correspondant aux 50 États membres des USA.

Le petit coin des listes

LES 10 MEILLEURES AUDIENCES TV EN FRANCE EN 2014

1. **France-Allemagne Coupe du Monde 2014**, 1/4 de finale, sur TF1 : 16,9 millions de spectateurs, soit 72% de part de marché.
2. **Suisse- France Coupe du Monde 2014**, groupe, sur TF1 : 16,9 millions de spectateurs, soit 61% de part de marché.
3. **France-Nigeria Coupe du Monde 2014**, 1/8e de finale, sur TF1 : 16 millions de spectateurs, soit 69% de part de marché.
4. **France-Honduras Coupe du Monde 2014**, groupe, sur TF1 : 15,9 millions de spectateurs, soit 56% de part de marché.
5. **Équateur-France Coupe du Monde 2014**, groupe, sur TF1 : 14.7 millions de spectateurs, soit 62% de part de marché.
6. **Allemagne-Argentine Coupe du Monde 2014**, finale sur TF1 : 13,6 millions de spectateurs, soit 60% de part de marché.
7. *Intouchables*, sur TF1 : 13,9 millions de spectateurs, soit 49% de part de marché.
8. *Bon anniversaire les Enfoirés*, sur TF1 : 13 millions de spectateurs, soit 53% de part de marché.
9. *Bienvenue chez les Ch'tis*, sur TF1 : 11,5 millions de spectateurs, soit 41% de part de marché.
10. **« Journal de 20h » de Gilles Bouleau**, sur TF1 le 30 juin : 10,8 millions de spectateurs, soit 41% de part de marché.

La culture pas chiante

CES ARBRES EXTRAORDINAIRES QUI BATTENT DES RECORDS

• **L'arbre le plus massif :** le séquoia géant de Californie, nommé le Général Sherman. Son tronc, estimé à 1 487 m^3, fait de lui l'arbre le plus imposant qui existe sur Terre. Le Général serait âgé d'environ 2200 ans et mesure 83,8 mètres de hauteur.

• **L'arbre le plus grand :** le séquoia à feuilles d'if de Californie du Nord, nommé Hyperion. Sa taille record avoisine les 115,55 mètres. Toutefois, son emplacement exact n'a pas été rendu public afin d'éviter la dégradation de son écosystème par la potentielle masse touristique.

• **L'arbre le plus âgé :** Old Tjikko est un épicéa en Suède, qui a la particularité d'avoir des racines vieilles de 9550 ans. Il dispose de troncs multiples mais possède un système de racines commun.

• **L'arbre le plus large :** en Inde, le Banian de Howrah est un ficus benghalensis vieux de plus de 250 ans. Il est le plus large du monde grâce à sa volumineuse frondaison et ses 3511 racines aériennes. Cet arbre spectaculaire s'étend sur 14 500 m^2 et se confond avec une forêt.

"Que ceux qui ont faim aient du pain ! Que ceux qui ont du pain aient faim de justice et d'amour !"

[Abbé Pierre]

• **L'arbre ayant la plus grande circonférence :** El Árbol del Tule est situé au Mexique. Il serait âgé de 1200 à 3000 ans et mesure 41 mètres de hauteur. Son diamètre fait 14,4 mètres et lui sa circonférence 42 mètres. El Árbol del Tule est aussi surnommé « l'Arbre de la Vie » car son tronc noueux permet d'imaginer de nombreuses représentations d'animaux.

• **L'arbre ayant la plus grande feuille :** le raphia, une espèce de palmier que l'on trouve le plus souvent le long des fleuves. Ses feuilles peuvent atteindre 25 mètres de long.

• **L'arbre produisant le plus gros fruit :** le jacquier, originaire d'Inde, est cultivé pour ses fruits comestibles qui ont la spécificité d'être les plus gros fruits produits par un arbre. En effet, le fruit du jacquier est capable de mesurer entre 20 et 70 centimètres pour un poids allant de 1 à 38 kilogrammes. Le goût du fruit est réputé pour être doux et sucré.

Les conseils de Dame Pipi

À VOS FOURNEAUX

- 1 œuf pèse 60 g
- 1 morceau de sucre pèse 5 g
- 1 gousse d'ail pèse 5 g
- 1 noisette de beurre pèse 4 g
- 1 noix de beurre pèse 15 g, soit 1 cuillère à soupe
- 1 pincée vaut 3 à 5 g
- 1 citron donne 8 cl de jus (environ)
- 1 orange donne 15 cl de jus (environ)
- 1 bouteille de champagne contient 9 flûtes
- 1 bouteille de vin donne 6 à 8 verres
- 1 cuillère à café rase équivaut à :
  0,66 cl de liquide
  4 g de sucre en poudre
  3 g de farine
  2,5 g de fécule (maïzéna, fécule de pomme de terre)
  5 g de sel fin
  7 g de beurre
  5 g de semoule de blé
  6 g de riz cru
- 1 cuillère à soupe rase équivaut à :
  2 cl de liquide
  15 g de sucre en poudre
  12 g de farine
  10 g de fécule (Maïzena, fécule de pomme de terre)
  16 g de sel fin
  20 g de beurre
  14 g de semoule de blé
  18 g de riz cru
- Une tasse à café ou un verre à vin sont équivalents à 6 cuillères à soupe

La vraie vérité

VOS PAPIERS, SVP !

Même en rentrant de la Lune, vous devez passer par la douane ! De retour de leur mission sur la Lune, les astronautes Armstrong, Aldrin et Collins furent soumis au contrôle des douanes américaines à l'aéroport de Hawaii comme n'importe qui entrant sur le sol américain.

Ils durent montrer leur passeport et indiquer sur une fiche leur numéro de vol (Apollo 11), leur itinéraire (Départ : Lune / Arrivée : Honolulu) et le contenu des bagages (pierres et poussière de Lune).

La culture pas chiante

LES OUBLIÉES DE CES MESSIEURS LES SCIENTIFIQUES

À part Marie Curie, de nombreuses femmes ont été écartées des prix scientifiques. En raison de leur sexe, elles sont restées longtemps anonymes et leurs découvertes ont été attribuées à leurs homologues masculins. Volées ou ignorées, leur carrière a été particulièrement difficile. Voici quelques-unes de ces femmes stupéfiantes :

Lise Meitner (1878-1968) était une physicienne autrichienne, naturalisée suédoise. Elle est renommée pour ses travaux sur la radioactivité et la physique nucléaire. Elle joua notamment un rôle majeur dans la découverte de la fission nucléaire. En 1938, étant juive, elle fut contrainte de fuir l'Allemagne. Son nom fut effacé de toutes les publications sur la fission nucléaire au profit de son collègue et ami de longue date, Otto Hahn. Bien que nommée trois fois, elle ne recevra jamais le prix Nobel.

Rosalind Franklin (1920-1958) : cette biologiste moléculaire britannique réalisa plusieurs radiographies aux rayons X de l'ADN. Ces clichés, déterminants pour la structure la molécule en double hélice qu'est l'ADN, furent montrés à son insu à Watson et permirent à ce dernier et à Crick et Wilkins d'obtenir le prix Nobel de médecine en 1962. Elle entreprit alors des travaux sur la structure des virus qui seront poursuivis par Aaron Klug qui recevra le Nobel de chimie à sa place. À 37 ans, elle mourut d'un cancer (dû à ses travaux).

Jocelyn Bell Burnell (née en 1943) : cette astrophysicienne britannique est connue pour avoir découvert le premier pulsar (une étoile à neutrons). Prenant comme excuse le fait qu'elle n'était qu'une élève, le comité Nobel décida de récompenser son directeur de thèse, Antony Hewish, à sa place. Ce qui déclencha une très vive controverse. dans le milieu scientifique.

Cecilia Payne (1900-1979) : née en Angleterre, Cecilia devra s'exiler aux États-Unis pour avoir le droit de faire de la recherche. À Harvard, elle découvrira que les étoiles sont composées à 98% d'hydrogène et d'hélium, mais le professeur Henry Norris Russell la dissuadera de publier les résultats de ses recherches, n'y trouvant pas d'intérêt.

Quatre ans plus tard, il publia un article sur ces travaux en s'attribuant tout le mérite de cette découverte.

Nettie Stevens (1861-1912) : cette généticienne américaine, découvrit en 1905 que le sexe de l'enfant était déterminé par les chromosomes. C'est toutefois Thomas Hunt Morgan qui obtint le prix Nobel de physiologie ou médecine en 1933, prétendant que Nettie n'avait été qu'une technicienne et non une scientifique.

Esther Lederberg (1922-2006) est une pionnière de la génétique bactérienne. Mais le mérite des ses multiples et importantes découvertes ont été attribués à son premier mari, Joshua Lederberg, avec lequel elle travaillait. Alors que celui-ci décrochait le prix Nobel de médecine en 1958, Esther se verra révoquée par Stanford et méprisée par ses collègues.

Les confidences de Dame Pipi

DES COUPE-FAIM ÉTONNANTS

D'après des études américaines, les odeurs, les sons et les couleurs peuvent aider à réguler l'appétit.

• LA VUE

Assiettes, serviettes de table, lumières bleutées ou manger dans une pièce aux murs bleus diminuerait l'appétit. En effet, nous avons tendance à associer le bleu en nourriture à la moisissure et autres substances peu ragoûtantes. Les éclairages violents des néons ont le même effet. Il a été démontré que les éclairages doux et intimistes de certains restaurants ont pour effet de désinhiber les mangeurs, et donc de les rendre plus gourmands.

• L'OUÏE

Une musique d'ambiance relaxante serait bénéfique, en incitant à ralentir le rythme et donc à mastiquer aussi plus lentement, ce qui augmente la satiété et favorise une bonne digestion.

• L'ODORAT

Le parfum de la vanille réduirait les envies de sucre. Une étude menée sur 160 participants a montré que le port de patchs diffusant une senteur vanillée avait considérablement réduit leur appétit pour les boissons et aliments sucrés.

"Nos défauts et nos infirmités ne sont pas ridicules en eux-mêmes, mais ridicule est l'effort que nous déployons pour les dissimuler."

[Giacomo Leopardi]

Trop fort

MON BEAU SAPIN, ROI DES FORÊTS

Même si l'origine de l'arbre de Noël tel qu'on le connaît aujourd'hui fait encore débat, on s'accorde néanmoins à dire qu'elle est rattachée à des rituels païens. Dans les traditions celtiques ancestrales, les conifères étaient des arbres sacrés, notamment parce qu'ils pouvaient parfaitement supporter le froid, tout en gardant des feuilles vertes. Lors du solstice d'hiver (21 ou 22 décembre), les jours rallongent enfin et les Celtes célébraient le retour du soleil en décorant un épicéa de fruits, de fleurs et de blé. Plus tard, lorsque l'Église fixa la date de la naissance de Jésus au 25 décembre, cette tradition païenne fut largement christianisée et associée aux festivités de Noël.

Les confidences de Dame Pipi

L'UN DES PLUS IMPROBABLES RENVERSEMENTS DE SITUATION DE L'HISTOIRE DU TENNIS

Roland-Garros 1986, rencontre entre Henri Leconte, alors dans le Top 10 mondial, et le Brésilien Cassio Motta, un joueur réputé coriace mais a priori prenable. Or, Henri Leconte se montre gauche et fait n'importe quoi. Motta mène le jeu. Leconte s'énerve, se bute, n'écoute plus son entraîneur, Patrice Dominguez. Ce dernier cherche un moyen pour se faire entendre. Il écrit sur un carton VIP : « On est avec toi. On a confiance. Calme-toi. Prépare tes attaques plus soigneusement et surtout joue ton jeu au filet. On t'embrasse.»

Un message qu'il lui faut désormais transmettre d'une manière ou d'une autre à son protégé, ce qui est bien sûr interdit. Dominguez demande alors à sa voisine, Béatrice Leeb (la femme de l'acteur Michel Leeb) de remettre en cachette le mot à un ramasseur de balle. Le message arrive incognito dans les mains d'Henri Leconte qui le lit, se dirige vers Dominguez et lui lance : « Tu ne pouvais pas le dire plus tôt, pauvre con ! » Résultat ? Leconte retrouve son spectaculaire jeu offensif et remporte la victoire.

"C'est pas dur la politique, comme métier ! Tu fais cinq ans de droit, et tout le reste c'est de travers."

Le petit coin des listes

LES ENFOIRÉS
TOUJOURS PRÊTS À AIDER

Les 10 artistes les plus présents dans la troupe des Enfoirés pour les Restos du Cœur.

Depuis 25 ans déjà et sur l'idée géniale de Coluche, la troupe des Enfoirés réunit des artistes populaires pour permettre aux plus défavorisés d'avoir accès à des repas gratuits à travers l'association des Restos du cœur. Ce classement prend en compte les 25 éditions du spectacle des Enfoirés jusqu'en 2014.

1. Jean-Jacques Goldman, 25 participations
2. Patrick Bruel, 22 participations
3. Michael Jones, 20 participations
4. Mimie Mathy, 20 participations
5. Maxime Le Forestier, 19 participations
6. Pierre Palmade, 19 participations
7. Zazie, 18 participations
8. Muriel Robin, 16 participations
9. Liane Foly, 16 participations
10. Patrick Fiori, 16 participations

Comme on est sympas, on vous donne les trois suivants :

11. Michèle Laroque, 15 participations
12. Patricia Kaas, 15 participations
13. Hélène Ségara, 15 participations

Le petit coin des jeux

1

Qu'est-ce que c'est ?

Instrument du bourreau
Elle accompagnait le billot
Si ne la laisse point en terre,
On se prépare à la guerre

2

Pourquoi ?

Un homme mange un œuf chaque jour
pour son petit déjeuner.
Il n'a aucune poule chez lui.
Il n'achète jamais d'œufs.
Il n'emprunte jamais d'œufs.
Il ne vole jamais d'œufs.
Il n'en reçoit pas en cadeau.

3

Terminez cette suite :

61 - 55 - 49 - 43 - ...

Réponses :
1- la hache
2- ce sont des œufs de cane ou de caille
3- Il faut enlever 6 à chaque fois, donc la réponse est 37.

"Si tu veux comprendre le mot bonheur, il faut l'entendre comme récompense et non comme but."

[Antoine de Saint-Exupéry]

LA FACTURE DES ÉLECTIONS DÉPARTEMENTALES

Le coût de ces élections ne cesse d'augmenter (coût des cantonales, aujourd'hui départementales) :

- **114,8 millions d'euros pour la période 2001-2004**
- **145,7 millions d'euros pour la période 2008-2011**
- **156 millions d'euros en mars 2015 (environ)**

La France détient le record absolu d'élus (nombre d'élus pour 100 000 habitants) :

- **935 élus en France**
- **482 élus en Autriche**
- **391 élus en Suède**
- **43 élus en Irlande**
- **38 élus au Royaume-Uni**

Un conseiller général de base gagne de 1520,59 euros à 2927,13 euros bruts par mois.
Un vice-président de Conseil général gagne de 2128 euros à 3725 euros bruts par mois.
Un président de Conseil départemental : 5512,13 euros bruts par mois.

Montant des budget générés en 2013 :

- **74,1 milliards d'euros par les Conseils généraux**
- **29,2 milliards d'euros par les Conseils régionaux**

Dette totale des départements en 2012 :
31,1 milliards d'euros.

Les astuces de Dame Pipi

Si vos enfants aiment dessiner sur les murs, voilà un moyen d'effacer les marques de stylo bille ou de feutre. Mettez une noix de dentifrice blanc sur un chiffon. Frottez en cercle sur le dessin. Essuyez les résidus de dentifrice avec un chiffon sec et propre.

Pisse trois gouttes

Richard Norris Williams, joueur de tennis américain, survécut de justesse en 1912 au naufrage du Titanic. Ayant passé plusieurs heures dans l'eau glacée, on lui recommandera l'amputation des jambes, ce qu'il refusa. Il réussit à se remettre et remporta l'US Open en 1914 et 1916.

"Quand l'innocence termine, la fierté commence."

LES DINOSAURES ONT ÉTÉ DÉTRUITS SEULEMENT PAR L'IMPACT D'UNE MÉTÉORITE. VRAI OU FAUX ?

Faux.

Il y a 66 millions d'années, la Terre subissait déjà d'importants changements climatiques dus à une augmentation de l'activité volcanique. Le choc de la météorite a provoqué une émission massive de particules dans l'atmosphère qui a amplifié les problèmes déjà existants, notamment le développement des végétaux. 70% des espèces vivantes ont disparu par manque de nourriture.

Selon les chercheurs, si l'astéroïde avait frappé la Terre plus tard ou plus tôt, les herbivores auraient pu survivre et assurer la subsistance des dinosaures carnivores.

LES MEILLEURS FILMS D'ANIMATION OSCARISÉS

Depuis la création des Oscars, les films d'animation concouraient dans la catégorie « Oscar du meilleur film », au même titre que les films en prises de vue réelles. La catégorie « meilleur film d'animation » fut créé en 2002, les membres de l'Académie ayant regretté que le film d'animation à succès *Chicken Run* **n'ait pas été sélectionné pour l'Oscar du meilleur film lors de la 73e cérémonie des Oscars, l'année précédente.**

2002 : *Shrek* **d'Andrew Adamson et Vicky Jenson**

2003 : *Le Voyage de Chihiro (Sen to Chihiro no Kamikakushi)* **de Hayao Miyazaki**

2004 : *Le monde de Nemo (Finding Nemo)* **de Andrew Stanton et Lee Unkrich**

2005 : *Les Indestructibles (The Incredibles)* **de Brad Bird**

2006 : *Wallace et Gromit : Le mystère du lapin-garou (The Curse of the Were-Rabbit)* **de Nick Park et Steve Box**

2007 : *Happy Feet* **de George Miller**

2008 : *Ratatouille* **de Brad Bird**

2009 : *Wall-E* **d'Andrew Stanton**

2010 : *Là-haut (Up)* **de Pete Docter et Bob Peterson**

2011 : *Toy Story 3* **de Lee Unkrich**

"Un congé paternité obligatoire [...] permettrait de rétablir un regard plus égalitaire."

[Laurence Parisot, *Elle*, 7 mars 2011]

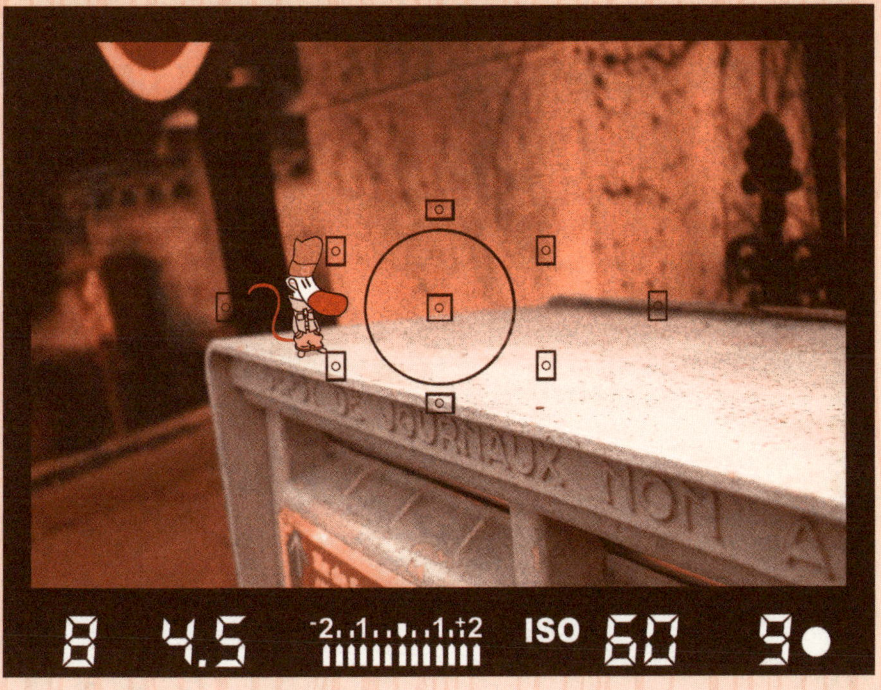

2012 : *Rango* **de Gore Verbinski**

2013 : *Rebelle (Brave)*

2014 : *La Reine des neiges (Frozen)*

2015 : *Les Nouveaux héros (Big Hero 6)*

La culture pas chiante

Le robot américain Curiosity a découvert un grand lac sur Mars. Selon la Nasa, ce lac devait s'étendre sur 155 m et aurait été alimenté par des rivières pendant des dizaines de millions d'années. S'il n'est pas encore l'heure de parler d'une vie sur la planète rouge, on sait au moins que, dans le passé, elle a hébergé de l'eau à l'état liquide. Mars a donc été propice à l'existence d'une vie microbienne.

Le petit coin des listes

LES FRANÇAIS QUI VIVENT AILLEURS

Le nombre de Français inscrits sur les registres des consulats français était de 1 642 953 le 31 décembre 2013. Ces données ne représentent cependant qu'une partie des ressortissants français vivant en dehors du territoire national.

Amérique du Nord : 212 815

Amérique centrale et Sud : 99 471

Union européenne : 627 911

Europe hors UE : 199 738

Asie-Océanie : 125 057

Proche et Moyen-Orient : 137 441

Afrique du Nord : 102 007

Afrique francophone : 119 723

Afrique non francophone : 18 790

La culture pas chiante

CHERCHEZ LE CAMÉO

Un caméo (terme italien apparu en 1851 dans le monde du théâtre) est l'apparition fugace dans un récit, d'un acteur, d'une actrice, du réalisateur ou d'une personnalité, déjà célèbre. Le caméo est avant tout un clin d'œil. En voici quelques exemples.

- Uderzo et Goscinny apparaissent dans certaines histoires d'Astérix.
- Edgar Pierre Jacobs (le dessinateur de *Blake et Mortimer*) dans trois des Aventures de Tintin d'Hergé (*Tintin au Congo, Les Cigares du pharaon et Le Sceptre d'Ottokar*).
- Hergé lui-même apparaît dans plusieurs des aventures de Tintin.
- Au cinéma, les caméos d'Hitchcock sont presque sa signature de réalisateur.
- Cédric Klapisch a jusqu'à présent toujours fait une brève apparition dans chacun ses films.
- Martin Scorsese dans *Taxi Driver, Casino, After Hours, Gangs of New York, Le Temps de l'innocence.* Il fait parfois participer sa mère ou son père.
- M. Night Shyamalan n'hésite pas à écrire pour lui-même des scènes, certes courtes, dans *Incassable, Signes, Sixième Sens*… On est ici à la limite entre le caméo et le vrai rôle. Il est aussi présent dans *Le village, Phénomènes, La Jeune fille de l'eau*.
- Dans *Bienvenue à Zombieland* de Ruben Fleischer (2009), Bill Murray joue son propre rôle (récompensé par le prix du meilleur cameo aux Scream Award 2010).

Je vois tout, je sais tout

LE SAVIEZ-VOUS ?

Le sirtaki, malgré sa renommée mondiale, n'est pas une danse authentiquement traditionnelle. En fait, elle fut créée en 1964 pour le film *Zorba le Grec*.

La question de Dame Pipi

D'OU VIENT CETTE EXPRESSION :
« S'ENTENDRE COMME LARRONS EN FOIRE » ?

Selon le Littré, le larron est, au XVIe siècle, celui qui commet un larcin et qui s'entend avec une autre personne pour le préméditer. Au XVIIe siècle apparaît le mot « foire » pour désigner les marchés aux bestiaux, ou publics, qui étaient toujours des lieux privilégiés pour commettre des vols. Par extension, l'expression désigne aujourd'hui des enfants ou des jeunes qui s'entendent très bien.

"Que l'on soit chrétien, musulman, nationaliste, agnostique, athée, il nous faut d'abord apprendre à oublier nos différences."

[Malcolm X]

TARIFS DES DENTISTES

Les tarifs pratiqués par les chirurgiens-dentistes pour la pose de couronnes ou les traitements d'orthodontie évoluent du simple au double selon les villes, départements, régions ou même selon l'arrondissement à Paris.

Les tarifs des prothèses dentaires et de l'orthodontie sont fixés librement par chaque professionnel. Mais le remboursement par la Caisse d'assurance maladie reste le même quel que soit le tarif fixé par le chirurgien dentiste. Alors, n'hésitez pas à vous renseigner (sur le site de la Caisse d'assurance maladie) et à vous déplacer.

Les villes les plus chères avec des tarifs élevés proches de 900 euros :

- **Strasbourg (Alsace)**
- **Bastia (Corse)**
- **Nice (Provence-Alpes-Côte d'Azur)**

Les villes les moins chères avec des tarifs inférieurs à 500 euros :

- Aurillac (Auvergne)
- Mende (Languedoc-Roussillon)
- Privas (Rhône-Alpes)
- Tulle (Limousin)
- Rodez (Midi-Pyrénées)
- Albi (Midi-Pyrénées)
- Auch (Midi-Pyrénées
- Montauban (Midi-Pyrénées)

Région parisienne et Paris : Versailles et presque tous les arrondissements parisiens imposent des prix moyens supérieurs à 650 euros. Le 16e arrondissement de Paris est l'arrondissement le plus cher avec des tarifs moyens de 847 euros pour la pose d'une couronne dentaire.

Le petit coin des jeux

1 - Dans la série *Colombo*, quel est le prénom du détective ?
a) James
b) Joe
c) Frank

2 - Dans quel quartier de New York se déroule le sitcom *Friends* ?
a) Brooklyn
b) Manhattan
c) Queens

3 - La série *Smallville* raconte les jeunes années d'un héros. Lequel ?
a) Hercule
b) L'homme invisible
c) Superman

4 - La série *Six Feet Under* a pour cadre…
a) Le sous-sol d'un hôtel
b) Le cabinet d'un médecin légiste
c) Une entreprise de pompes funèbres

5 - Dans la série *Prison Break*, les criminels sont enfermés dans la prison (fictive) de Fox River qui se trouve dans l'État…
a) du Texas
b) de l'Illinois
c) du Kansas

6 - Dans la série *Les 4400*, quel événement ont subi les protagonistes ?
a) Ils sont décédés accidentellement
b) Ils ont mystérieusement disparu
c) Ils ont été contaminés lors d'une catastrophe nucléaire

Réponses : 1c ; 2b ; 3c ; 4c ; 5b ; 6b.

"Dans les guerres, ce ne sont peut-être pas les enfants que l'on vise, mais c'est eux que l'on tue."

[André Frossard]

La question de Dame Pipi

QU'APPELLE-T-ON LES 8e, 9e ET 10e ARTS ?

À la fin du XXe siècle, la liste des arts se trouve bien établie et stabilisée à 9, à l'image du nombre des Muses antiques, bien qu'aucune de ces appellations ne soit officielle. Quant au 10e art, il est disputé par les créateurs de jeux vidéo, les artistes numériques, et même par des amateurs de modélisme !

- 1er art : l'architecture
- 2e art : la sculpture
- 3e art : la peinture
- 4e art : la musique
- 5e art : la poésie
- 6e art : la danse, le mime, le théâtre et le cirque, aujourd'hui les « arts vivants »
- 7e art : le cinéma
- 8e art : la radiodiffusion, la télévision et la photographie, regroupées en « arts médiatiques »
- 9e art : la bande dessinée

INTERDICTION DE RÊVER

Dans les sociétés primitives, le rêve avait une place importante dans les traditions, les coutumes, la vie quotidienne. Les peuples africains croyaient qu'il était prémonitoire, et ils n'hésitaient pas à offrir des sacrifices pour chasser les cauchemars.

Durant l'Antiquité, en Égypte, en Grèce, à Rome, il était étroitement lié à la vie des cités. On bâtissait des temples pour venir y dormir et y faire interpréter ses rêves.

Au XIIe siècle, ces pratiques furent interdites par l'Église.

En 1804, le Code Napoléon punit les gens qui faisaient métier de pronostiquer ou d'expliquer les songes.

En 1900, Sigmund Freud publia son interprétation des rêves. Le rêve fut enfin compris comme un phénomène psychique. Mais en France, la psychanalyse basée sur son interprétation était interdite. En raison des travaux de Sigmund Freud, le rêve était associé aux maladies mentales, et la crainte viscérale inspirée par la folie écartait les esprits trop curieux.

En 1924, le *Larousse médical illustré* donne du rêve la définition suivante : « Désordre psychique à contenu absurde et sans valeur pratique ».

1960 : le sommeil et le rêve présentent un nouvel intérêt grâce à la découverte du sommeil paradoxal,

1992 : nouveau Code pénal en France… l'interprétation des rêves est enfin dépénalisée. Après 800 ans d'interdiction, chercheurs, scientifiques, médecins et prêtres peuvent enfin s'intéresser au rêve et à son interprétation.

Pissons de rire

Un père rassemble ses enfants.

– *Cette année, nous avons décidé de partir en vacances en pension complète !*

– *C'est quoi, la pension complète ?* demande le plus jeune.

– *La pension complète, c'est le top ! Nous allons dormir dans un hôtel où une dame viendra le matin refaire nos lits, faire le ménage, remettre des serviettes propres… Au restaurant de l'hôtel, nous pourrons prendre un copieux petit déjeuner, des cuisiniers nous prépareront notre déjeuner et notre dîner pendant que nous nous promènerons. C'est super, non ?*

– *Oui, oui !* répond le petit, l'air dubitatif.

– *Quelque chose ne va pas ?* s'inquiète le père.

– *Non, non, c'est très bien, seulement, je me demande pourquoi on amène maman, alors !*

Tirez la chasse

Alors que les responsables de la crise financière américaine de 2008-2009 n'ont, à ce jour, toujours pas vu l'ombre d'une prison, la Cour suprême d'Islande a condamné quatre ex-dirigeants de la banque Kaupthing (jugée responsable de l'effondrement du système financier) à des sentences allant de quatre à cinq années et demie d'emprisonnement.

Le savais-tu ?

L'ÉLIXIR DE VIE EST EN FAIT DE L'EAU DE VIE

L'alcool obtenu par distillation dans un alambic est une technique mise au point par les alchimistes du Moyen-Orient. L'eau-de-vie, inventée dans le but de créer un élixir de longue vie, eut longtemps un usage médicinal. Elle fut un remède populaire contre la peste noire au XIVe siècle. Elle donna naissance à de nombreuses boissons « nationales » comme la vodka, le gin, le brandy, le cognac, le schnaps, le kirsch…

Le petit coin des listes

ILS SONT LES PLUS RAPIDES

Athlétisme : le record du monde du 100 mètres est détenu par Usain Bolt : 44,72 km/h.

Tennis : Samuel Groth, 340e joueur mondial, a réalisé un service flashé à 263 km/h.

Badminton : le Malaisien Tan Boon Heong peut se vanter d'avoir envoyé son volant à 421 km/h.

Voile : Paul Larsen a battu le record du monde de vitesse à la voile avec une vitesse moyenne de 121 km/h.

Natation : sur 100 mètres nage libre, le record du monde appartient au Brésilien César Cielo avec une moyenne de 7,7 km/h

Golf : la balle de Jason Zuback est partie à 328 km/h.

Ski : le record du monde de vitesse en ski alpin est détenu par le Français Yohan Clarey avec une vitesse de pointe de 161,9 km/h.

Marathon : 42,195 kilomètres, c'est la distance totale d'un marathon. Le record du monde appartient au Kenyan Patrick Makau qui s'est déplacé à une vitesse moyenne de 20,5 km/h.

Tennis de table : le Néo-Zélandais Lark Brandt a envoyé sa balle de ping-pong à 112,5 km/h.

Cyclisme : en descente VTT, l'Autrichien Markus Stöckl a dévalé la piste à une vitesse de 164,95 km/h.

NOTRE VIE SOCIALE

Nombre d'utilisateurs actifs en France et dans le monde des principaux réseaux sociaux :

Facebook : 1,39 milliard d'utilisateurs actifs dans le monde, dont 26 millions d'utilisateurs actifs en France.

YouTube : 1 milliard d'utilisateurs actifs dans le monde dont 22 millions de visiteurs uniquement en France .

Google+ : 300 millions d'utilisateurs actifs dans le monde dont 10 millions d'utilisateurs actifs en France.

Twitter : 288 millions d'utilisateurs actifs dans le monde, dont 6,6 millions de visiteurs uniques en France.

(Source : Médiamétrie 02/03/15)

Top 10 des recherches Google en 2014 (en France)

1) Julie Gayet
2) Nabilla Benattia
3) La Coupe du monde
4) iPhone 6
5) Dieudonné
6) Schumacher
7) Secret Story 8
8) Robin Williams
9) 2048
10) Blablacar

Les sujets les plus commentés sur Facebook en 2014 (en France)

1) La Coupe du monde
2) François Hollande
3) Pharrell Williams
4) Olympique de Marseille
5) Stromae
6) Game of Thrones
7) Les 70 ans du D-Day
8) Robin Williams
9) Le conflit à Gaza
10) Le Ice Bucket Challenge

Instruis-toi en t'amusant

LES HIRONDELLES

C'est ainsi qu'étaient surnommés, que début du XXe siècle, les policiers à vélo. Ce nom d'oiseau fait référence à la marque de leur bicyclette et à la drôle d'allure que leur donnait leur capeline.

Pisse trois gouttes

QUELLE QUANTITÉ D'INFORMATIONS REPRÉSENTE UNE ÉJACULATION ?

Un seul spermatozoïde contient l'équivalent de 37,5 mégaoctet d'informations ADN. Cela signifie qu'une éjaculation représente en moyenne un transfert de 1587 gigaoctet de données. Et tout ça en trois secondes. Vous ne verrez plus votre clé USB comme avant.

Petit rappel : 1gigaoctet = 1024 mégaoctet (Mo)
= 1 073 741 824 octets.

Pisse trois gouttes

LA DICTÉE DE MÉRIMÉE

Prosper Mérimée, auteur entre autres des fameuses *Carmen* et *Columba*, avait imaginé un texte dans lequel il avait accumulé un grand nombre de pièges orthographiques. Il organisa au château de Compiègne un concours de dictée. Dont voici les résultats :

Napoléon III : 75 fautes

L'impératrice Eugénie : 62 fautes

La princesse de Metternich (russe et naturalisée allemande) : 42 fautes

Alexandre Dumas fils : 24 fautes

Octave Feuillet, de l'Académie française : 19 fautes

Le prince de Metternich, ambassadeur d'Autriche : 3 fautes seulement

C'est alors qu'Alexandre Dumas, se tournant vers le prince de Metternich, lui demanda : « Quand allez-vous, Prince, vous présenter à l'Académie pour nous apprendre l'orthographe ? »

“Je peux me défendre contre la méchanceté ; je ne peux pas me défendre contre la gentillesse.”

[Francis Blanche]

Le petit coin du futur

L'INTELLIGENCE DANS LA PEAU MAIS PAS DANS LA TÊTE

En 1998, le professeur de cybernétique Kevin Warwick s'est implanté des électrodes dans le bras afin d'allumer une lampe, ouvrir les portes, communiquer… Aujourd'hui, on trouve sur le Net des puces sous-cutanées pour 32 euros, voire des kits d'injection complets à 80 euros. Moins risqué, et pour gagner du temps lors du déverrouillage de votre téléphone, Motorola propose le tatouage NFC temporaire à coller sur le poignet. La société travaille aussi à la conception d'une pilule qui, lorsqu'on l'avale, émet un code en permanence, faisant de votre corps une clé d'authentification, jusqu'à expulsion par les voies naturelles.

"Le piston ne marche qu'avec les huiles."

[Philippe Bouvard]

TOP 10 DES ALBUMS LES PLUS VENDUS EN FRANCE EN 2014

1. Stromae - *Racine carrée* (705 000 exemplaires)
2. Indila - *Mini World* (550 000)
3. Kendji Girac - *Kendji* (540 000)
4. Johnny Hallyday - *Rester vivant* (425 000)
5. Black M - *Les Yeux plus gros que le monde* (360 000)
6. Calogero - *Les Feux d'artifice* (345 000)
7. Les Enfoirés - *Bon anniversaire les Enfoirés* (310 000)
8. Alain Souchon & Laurent Voulzy - *Alain Souchon & Laurent Voulzy* (295 000)
9. Florent Pagny - *Vieillir avec toi* (290 000)
10. Maître Gims - *Subliminal* (290 000)

À l'échelle planétaire, c'est Taylor Swift qui a battu tout le monde. Son album *1989* aurait dépassé les 8,5 millions d'exemplaires vendus.

Le reste du Top 5 mondial établi par l'IFPI est occupé par One Direction *(Four)*, Ed Sheeran *(X)*, Coldplay *(Ghost Stories)* et AC/DC *(Rock or Bust)*.

Pisse trois goutes

Un changement climatique a eu lieu vers l'an 535-536, entraînant des récoltes désastreuses et des famines dans le monde entier. Les causes possibles seraient un voile de poussière provoqué par une éruption volcanique sous les tropiques ou l'impact de débris d'objets sidéraux.

La question de Dame Pipi

D'OU VIENT L'EXPRESSION « AVOIR UNE PEUR BLEUE » ?

Utilisée pour désigner une grande crainte, elle a une origine médicale. Le choléra peut entraîner une cyanose, qui se caractérise par une diminution de la teneur en oxygène du sang. Une coloration bleu pâle des lèvres et des extrémités (doigts et orteils) apparaît alors en quelques heures, tout comme une forte déshydratation qui donne au visage un air effrayant.

Les conseils de Dame Pipi

DÉPRESSION ET SOMMEIL SONT FORTEMENT LIÉS

Si la dépression peut causer des troubles du sommeil, des nuits de mauvaise qualité peuvent également provoquer et aggraver des états de déprime. (hopital.fr)

- **Régularité : se lever toujours à la même heure.**
- **Profiter du matin : au réveil, il faut profiter du soleil, du petit déjeuner, pour se lever de manière dynamique.**
- **Bouger : faire du sport la journée (pas le soir).**
- **Faire la sieste : une petite sieste quand la fatigue est trop intense permet de tenir toute la journée. Elle ne doit pas dépasser les 20 minutes et ne pas être trop régulière.**

Le petit coin des jeux

1. Qui détient le record de longévité (14 ans) à la présidence de la République française ?
   a) François Mitterrand
   b) Jacques Chirac
   c) Charles de Gaulle

2. Que signifie troll ?
   a) Ignare en informatique
   b) Perturbateur sur un forum
   c) Salarié chargé de défendre les intérêts d'une société sur les forums

3. Qu'est-ce que le taijin kyofusho (syndrome fréquent en Corée et au Japon) ?
   a) La peur de représenter une gêne ou une nuisance pour autrui
   b) La peur des anomalies physiques
   c) La peur de la nudité

4. Que veut dire « AS » dans « AS Monaco » ?
   a) Aviron stadium
   b) Athletic sports
   c) Association sportive

Réponses : 1a ; 2b ; 3a ; 4c.

- **Éviter diverses consommations** : consommées le soir, les boissons comme le thé, le café ou les sodas sont mauvais. La nicotine rend le sommeil léger et l'alcool, quant à lui, le rend instable.
- **Dîner léger** : au dîner, il faut préférer un repas léger, favoriser les sucres lents mais éviter les graisses, difficiles à digérer.
- **Réduire le bruit et les sources lumineuses** autant que possible, aérer et garder la température de la chambre autour de 18°C.
- **Se relaxer** : avant d'éteindre, une période de calme d'une demi-heure permet de mieux préparer son corps et son esprit au sommeil.
- **Ne pas lutter contre le sommeil** : le soir, si les signes de l'endormissement se font sentir, il ne faut pas lutter, au risque de devoir attendre 90 minutes avant l'apparition d'un nouveau cycle d'endormissement. En revanche, si le sommeil ne vient pas au bout de quinze minutes, pratiquer une activité calme permettra d'attendre le prochain cycle sans frustration, pour un sommeil paisible.
- **Couper les écrans**, baisser les lumières le soir et, au contraire, ouvrir bien grand les volets la journée permet de mieux dormir.

LE MOYEN ÂGE CRÉATIF

Période souvent qualifiée d'obscure, parce que méconnue, le Moyen Âge connut de nombreux progrès techniques. En particulier au XIIe siècle, où une accélération spectaculaire des inventions, des innovations concernant les moyens de production et une croissance économique marquèrent l'Europe. Grace aux exportations et aux découvertes du monde entier, l'Europe développa des techniques qui permirent des avancées notoires :

L'aimant

Le bouton, venant d'Allemagne

La brouette

La charrue, des Slaves

Les chiffres arabo-indiens, dits chiffres arabes

Le compas, de Chine

L'eau-de-vie

Le fer à cheval

Le filigrane, d'Italie

Le gouvernail d'étambot, fixé à l'arrière d'un navire de la Baltique et la mer du Nord

La grue mue par une roue, des Pays-Bas

Le haut-fourneau, de Chine

L'horloge

"Le monde que nous avons créé est le résultat de notre niveau de réflexion, mais les problèmes qu'il engendre ne sauraient être résolus à ce même niveau."

[Albert Einstein]

Le houblon, d'Allemagne

Le laminoir

Les lunettes de vue, d'Italie

Le métier à tisser horizontal à pédales (idée chinoise)

La meule à affûter, d'Europe centrale

Le miroir

Le moulin à marée (à eau sur un rivage marin)

Le moulin chandelier (moulin à vent dont tout le corps pivote pour s'orienter au vent)

Le papier, venant de Chine

La peinture à l'huile, de Flandre

Le piège à souris

Le pont en arc, d'Italie

La presse à imprimer, d'Allemagne

Le puits artésien, de France

La quarantaine (servit de mesure préventive contre la peste noire), de Croatie

Le rouet, probablement d'Inde

Le sablier, d'Italie

Le savon, de Mésopotamie

La soie, de Chine

La voûte d'ogive

Le petit coin des listes

LES PROVERBES FRANÇAIS

« Qui couche avec des chiens se lève avec des puces. »

« Donner, c'est donner ; reprendre, c'est voler. »

« C'est à qui saura la chevaucher que la jument appartiendra. »

« On n'apprend pas aux vieux singes à faire des grimaces. »

« Comme on fait son lit on se couche. »

« Quand on met la main à la pâte, il en reste toujours quelque chose aux doigts. »

« On ne fait pas d'omelette sans casser d'œufs. »

« La vache la première au pré lèche toute la rosée. »

« Si les chats gardent les chèvres, qui attrapera les souris ? »

« Faute avouée est à moitié pardonnée. »

« Il est facile de nager quand on vous tient le menton. »

« Il ne faut pas juger de l'arbre par l'écorce. »

« Il n'y a que les imbéciles qui ne changent pas d'avis. »

« Il faut qu'une porte soit ouverte ou fermée. »

« Jeux de mains, jeux de vilains. »

« Après trois jours, l'on s'ennuie de femme, d'hôte et de pluie. »

« Pluie du matin n'arrête pas le pèlerin. »

« Ce sont les tonneaux vides qui font le plus de bruit. »

« Quand le rossignol a vu ses petits, il ne chante plus. »

"J'ai parcouru le pays de long en large et parlé avec les meilleurs personnes, et je peux vous assurer que l'informatique est une lubie qui ne durera pas plus d'un an."

[Un éditeur chez Prentice Hall, 1957]

Le savais-tu ?

Est épicène un nom bisexué pouvant être employé indifféremment au masculin ou au féminin. Épicène signifie « possédé en commun ».

Un prénom épicène est un prénom mixte (qui désigne aussi bien un garçon qu'une fille) : Alix, Camille, Claude, Dominique, Nicky ou Sascha par exemple.

Marie, qui est un prénom féminin parfois utilisé comme masculin – surtout en prénom composé –, est aussi épicène – contrairement à certains prénoms qui ont des prononciations voisines à l'oral mais qui s'écrivent différemment, comme Michel et Michelle ou Michèle.

Anne, Cécile, Nicole, Dorothée furent également épicènes, bien qu'aujourd'hui essentiellement féminins.

Philippe, Stéphane furent portés par des dames.

Tirez la chasse

LES ESPÈCES LES PLUS MENACÉES

Le tigre (*panthera tigris*) : on estime qu'il reste uniquement 3200 tigres vivant dans le monde à l'état sauvage.

L'ours polaire (*ursus maritimus*) : il en resterait 20 à 25 000 à l'heure actuelle.

Le morse du Pacifique : la population totale est probablement inférieure à 20 000 individus.

Le manchot de Magellan : d'origine sud-américaine, le manchot de Magellan se reproduit sur les côtes de l'Argentine, du Chili et sur les îles Malouines, avant de migrer jusqu'au sud du Brésil, de mars à septembre.

La tortue luth : la plus grande espèce de tortue marine. Il ne resterait ainsi plus que 100 000 tortues luth dans le monde. Elles figurent sur la liste rouge de l'UICN en tant qu'espèce en « danger critique d'extinction ».

Le thon rouge de l'Atlantique (*thunnus thynnus*) : présent en Atlantique et Méditerranée, le thon rouge de l'Atlantique est en voie de disparition ; en vingt ans, 80% des ressources en thon rouge ont disparu !

Le gorille des Montagnes (*gorilla gorilla beringei*) : il n'en resterait pas plus de 720 à l'état sauvage, vivant dans la région des grands lacs africains (est de la République démocratique du Congo, Ouganda et Rwanda).

Le papillon Monarque (*danaus plexippus*) : les papillons Monarque sont connus pour leur migration exceptionnelle, la plus longue jamais observée chez un insecte. Chaque année, des millions de papillons Monarque parcourent près de 5000 km pour migrer d'Amérique du Nord (Canada et États-Unis du Nord) jusqu'au Mexique, dans les montagnes et forêts du Michoacan,

Le rhinocéros de Java (*rhinoceros sondaicus*) : seules 2 populations composées de 60 rhinos existent encore à l'état sauvage en Indonésie et au Vietnam.

Le panda géant (*ailuropoda melanoleuca*) : seuls 1600 pandas géants vivent encore à l'état sauvage au centre de la Chine, entre 1800 et 3400 m d'altitude, dans les forêts de bambous, son alimentation de base.

Pissons de rire

Un homme rentre chez lui, visiblement surexcité. Il explique à sa femme :

– J'ai donné ma démission au bureau et je plaque tout ! J'ai appris qu'à Tahiti, chaque fois que tu faisais l'amour à une Vahiné, elle te donnait vingt euros. Alors j'y vais !

Tandis qu'il prépare ses affaires, son épouse, le plus calmement du monde, commence, de son côté, à remplir une valise.

Son mari lui demande :

– Que fais-tu ?

– Je te suis…

– Mais… pourquoi ?

– Pour voir comment tu te débrouilles pour vivre avec quarante euros par mois…

Tirez la chasse

L'abandon d'enfant est, sous l'Ancien Régime comme après la Révolution française, extrêmement fréquent. Au XVIIe siècle, à Paris, il correspondait à environ 30% des naissances.

"Si j'ai décidé de me présenter à cette élection présidentielle, c'est que j'ai compris que je ne pourrai jamais être Bruce Springsteen !"

[Barack Obama]

Les confidences de Dame Pipi

UNE HISTOIRE DE MICHES

Le droit de cuissage, ou droit de jambage, serait une coutume qui aurait conféré aux seigneurs du Moyen Âge soit le droit de passer une jambe nue dans le lit de la mariée, soit celui de consommer le mariage.

Des écrivains et historiens des XVIIIe et XIXe siècles, tels Voltaire dans son *Essai sur les mœurs* ou Jules Michelet, ont accrédité la thèse que ce droit permettait à un seigneur d'avoir des relations sexuelles avec la femme d'un vassal ou d'un serf la première nuit de ses noces.

En réalité, cette pratique n'était pas autorisée. Au contraire, on trouve des condamnations de seigneurs punis pour avoir abusé de leur position d'autorité pour commettre des abus sexuels.

Selon Marguerite Gonon, chercheuse au CNRS et historienne médiévale, le droit de cuissage fait au contraire référence à un droit de cuisson du pain, à une époque où celle-ci était collective.

La version libertine du « droit de cuissage » a été utilisée pour servir de thème à des œuvres littéraires galantes du XVIIIe siècle.

PARLONS PRIMES

Depuis les Jeux de Los Angeles en 1984, des primes sont versées aux médaillés des JO, d'été comme d'hiver. Le montant des primes attribuées aux médaillés olympiques et paralympiques est de :

50 000 euros pour une médaille d'or.

20 000 euros pour une médaille d'argent.

13 000 euros pour une médaille de bronze.

Par ailleurs, lors des épreuves par équipe, chacun des membres touche la récompense associée à la couleur de la médaille, même si cette épreuve ne compte que pour une seule médaille.

Cela représente de jolies sommes pour la France.

En 2008, pour les JO d'été à Pékin, l'État a déboursé 4 millions et, 4,8 millions pour Londres en 2012.

La France n'est pas le pays le plus généreux en la matière. L'Hexagone figure seulement en 9e position dans ce domaine.

Le petit coin des jeux

1. Qui Justin Timberlake a-t-il épousé en 2012 ?
   a) Cameron Diaz
   b) Britney Spears
   c) Gwen Stefani
   d) Jessica Biel

2. Sur le tournage de quel film, Robert Pattinson et Kristen Stewart se sont-ils rencontrés ?
   a) *Harry Potter et la coupe de feu*
   b) *Remember Me*
   c) *Twilight*
   d) *Bel-Ami*

3. Avec quelle femme, Johnny Halliday a-t-il eu une fille prénommée Laura ?
   a) Sylvie Vartan
   b) France Gall
   c) Nathalie Baye
   d) Adeline Blondieau

4. Quel couple célèbre a eu 4 enfants prénommés Brooklyn, Roméo, Cruz et Harper Seven ?
   a) Angelina Jolie et Brad Pitt
   b) Madonna et Sean Penn
   c) Tim Burton et Helena Bonham Carter
   d) David et Victoria Beckham

Réponses : 1d ; 2c ; 3c ; 4d.

Top 10 des pays ayant offert les plus grosses primes aux JO de Sotchi

Position	Pays	Médaille d'or	Médaille d'argent	Médaille de bronze
1	Kazakhstan	182 402 €	109 441 €	54 721 €
2	Lettonie	140 668 €	70 334 €	49 249 €
3	Italie	138 479 €	74 201 €	49 467 €
4	Biélorussie	109 441 €	54 721 €	36 480 €
5	Estonie	101 051 €	67 343 €	44 214 €
6	Russie	82 592 €	51 656 €	35 021 €
7	Suisse	64 643 €	56 545 €	48 482 €
8	Tchéquie	53 918 €	26 995 €	16 197 €
9	France	50 000 €	20 000 €	13 000 €
10	Corée du sud	45 236 €	37 699 €	26 390 €

(Source : Bloomberg.com)

“La plus grande catastrophe ferroviaire de tous les temps en attendant mieux a eu lieu en France.”

[Dans le journal *Le Matin*, 1978]

La culture pas chiante

LE SAVIEZ-VOUS ?

Le silure glane, un des plus gros poissons d’eau douce d’Europe, chasse occasionnellement le pigeon en s’échouant volontairement sur les berges.

“La calomnie est en politique moins gênante que la manifestation de la vérité.”

[Charles Péguy]

UN REMÈDE MIRACLE

La thériaque était une préparation médicinale qui avait la réputation de guérir toutes les maladies. Sa composition a beaucoup évolué, passant de trois à plus de soixante-dix ingrédients : opium, chair séchée de vipère, fenouil, safran, gingembre, cannelle, poivre, mie de pain, térébenthine de Chine, argile, poudre de testicule de cerf, etc., mélangés avec du miel et du vin de grenache. La préparation devait fermenter pendant plusieurs années avant d'être consommée. Elle était absorbée nature ou diluée dans de l'eau, ou encore pouvait être appliquée en cataplasme…

Son invention est attribuée au roi Mithridate VI (environ 132 à 63 avant Jésus-Christ), qui régnait sur le royaume antique du Pont, situé sur le territoire de la Turquie actuelle. La thériaque était à l'origine un antidote au venin de serpent, et plus généralement un antipoison. Au Ier siècle, elle fut popularisée à Rome par le médecin de l'empereur Néron. De renommée croissante, elle fut même utilisée contre la peste au XIVe siècle. Au XVIe siècle, sa fabrication donnait lieu à des cérémonies officielles, en particulier en Italie. On continua de la consommer jusqu'au début du XXe siècle.

ÉVOLUTION DE L'ENSEIGNEMENT DES MATHÉMATIQUES

- **ENSEIGNEMENT 1960**

Un paysan vend un sac de pommes de terre pour 100 F. Ses frais de production s'élèvent au 4/5 du prix de vente. Quel est son bénéfice ?

- **ENSEIGNEMENT TRADITIONNEL 1970**

Un paysan vend un sac de pommes de terre pour 100 F. Ses frais de production s'élèvent au 4/5 du prix de vente, c'est-à-dire à 80 F. Quel est son bénéfice ?

- **ENSEIGNEMENT MODERNE 1970**

Un paysan échange un ensemble P de pommes de terre contre un ensemble M de monnaie. Le cardinal de l'ensemble M est égal à 100, et chaque élément PFM vaut 1 F. Dessinez 100 gros points représentant les éléments de l'ensemble M.
L'ensemble F des frais de production comprend 20 gros points de moins que l'ensemble M. Représentez l'ensemble F comme sous-ensemble de l'ensemble M et donnez la réponse à la question suivante : Quel est le cardinal de l'ensemble B des bénéfices? (à dessiner en rouge)

Tirez la chasse

Ghoncheh Ghavami, née en 1989, est une diplômée en droit anglo-iranienne, détenue à Téhéran pour avoir manifesté contre l'interdiction faite aux femmes d'accéder à un match de volley-ball masculin. Son arrestation a soulevé des protestations en Iran et dans le monde. Les responsables iraniens nient le lien entre son arrestation et l'interdiction de mixité dans le public lors de matchs sportifs. Elle a été accusée de « propagande contre le régime » et a été condamnée le 1er novembre 2014 à un an de prison.

• ENSEIGNEMENT RÉNOVÉ 1980

Un agriculteur vend un sac de pommes de terre pour 100 F. Les frais de production s'élèvent à 80 F et le bénéfice est de 20 F. Devoir : souligne les mots « Pommes de terre » et discutes-en avec ton voisin.

• ENSEIGNEMENT RÉFORMÉ 1980

Un peizan kapitalist privilégié sanrichi injustement de 20 Frs sur un sac de patat, analiz le tekst et recherche les fotes de contenu, de gramère, d'orthografe, de ponctuassion et ensuite dit ce que tu panse de set manière de s'enrichir.

• ENSEIGNEMENT START-UP 1999

Un producteur de l'espace agricole câblé consulte une data bank qui display le day-rate de la patate. Il load son progiciel de computation fiable et détermine le cash-flow sur écran bit-map (sous WMil avec config floppy et DD 40Go). Dessine avec ta souris le contour intégré 3D du sac de pommes de terre. Puis logue-toi au network par le http://www.blue-potatoe.com et suis les indications du menu.

• ENSEIGNEMENT 2015

Qu'est-ce qu'un paysan ?

Les confidences de Dame Pipi

NOUS MANGEONS TOUS DES INSECTES

Leur consommation est très réglementée en France. La loi autorise en effet un maximum de 75 fragments d'insectes pour 50 g de farine de blé (essentiellement représentés par des ténébrions), 30 œufs pour 100 g de pâte à pizza ou encore 2 larves par boîte de maïs. Après analyses, le chocolat peut contenir jusqu'à 60 morceaux d'insectes pour 100 g, une boîte de conserve de champignons contient jusqu'à 24 acariens, une boîte de sauce tomate jusqu'à 30 œufs de mouche par 100 g. Dans 225 g de nouilles on peut trouver jusqu'à 225 fragments d'insectes, dans une boîte de jus d'agrume, une larve ou plus….

Ainsi, des insectes se retrouvent dans nos pots de confiture, briques de jus de fruits ou de soupe de légumes en conserve… et tous les aliments contenant le colorant E120 qui est de la cochenille.

Chaque Français mange en moyenne 500 g d'insectes par an.

Le petit coin des jeux

1. Quel roman d'Anna Gavalda a été adapté au cinéma ?
   a) *Je voudrais que quelqu'un m'attende quelque part*
   b) *Ensemble, c'est tout*
   c) *Je l'aimais*

2. On le surnomme le Céline nord-américain. Il s'agit de :
   a) Hubert Selby Jr pour *Last Exit to Brooklyn*
   b) John Fante pour *Les Compagnons de la grappe*
   c) Tennesse Williams pour *Un tramway nommé désir*

3. Qui a écrit *L'Ile au trésor* ?
   a) R. L. Stevenson
   b) Charles Dickens
   c) James Fenimore Cooper

4. Quel personnage n'est pas de Jules Verne ?
   a) Le capitaine Achab
   b) Michel Strogoff
   c) Phileas Fogg

Réponses : 1b ; 2a ; 3a ; 4a.

TOP 10 DES INSECTES LES PLUS MANGÉS

1. Scarabées et blattes
2. Mouches
3. Poux
4. Cigales
5. Guêpes, abeilles et fourmis
6. Termites
7. Papillons et papillons de nuit
8. Libellules
9. Criquets et sauterelles
10. Mantes

"Banquier. Homme secourable qui vous prête un parapluie quand il fait beau, et vous le réclame dès qu'il commence à pleuvoir."

[René Bergeron]

Pissons de rire

Dans une exposition de peintures, un cadre est totalement vide.

L'auteur est à côté.

Un visiteur lui demande :

– Qu'est ce que cela représente ?

– Des vaches dans un pré.

– Mais, je ne comprends pas, on ne voit pas de pré.

– Bien sûr, les vaches ont mangé toute l'herbe.

– Et les vaches ? On ne les voit pas non plus ?

– Vous ne croyez tout de même pas qu'elles vont rester dans un pré où il n'y a plus d'herbe !

"Carte de crédit : chacun des petits rectangles de plastique, dont l'ensemble constitue un jeu de société de consommation, aussi appelé jeu de cash-cash."

[Albert Brie]

L'EAU VIRTUELLE

L'empreinte eau (ou parle également d'empreinte sur l'eau) est le volume total d'eau virtuelle utilisée pour produire un produit ou un service. Comme on le fait pour l'empreinte écologique, on peut également évaluer l'empreinte eau d'une entreprise, d'un pays, d'un individu, d'une ville, etc.

Les usages de l'eau sont bien connus : se laver, boire, nettoyer. Mais il faut également de l'eau pour produire des aliments.

En important des produits alimentaires, c'est de l'eau des pays exportateurs que les Occidentaux consomment. 84% de l'empreinte eau liée à la consommation de coton dans l'Union européenne, par exemple, est délocalisée loin de chez elle, en particulier en Inde et en Ouzbékistan.

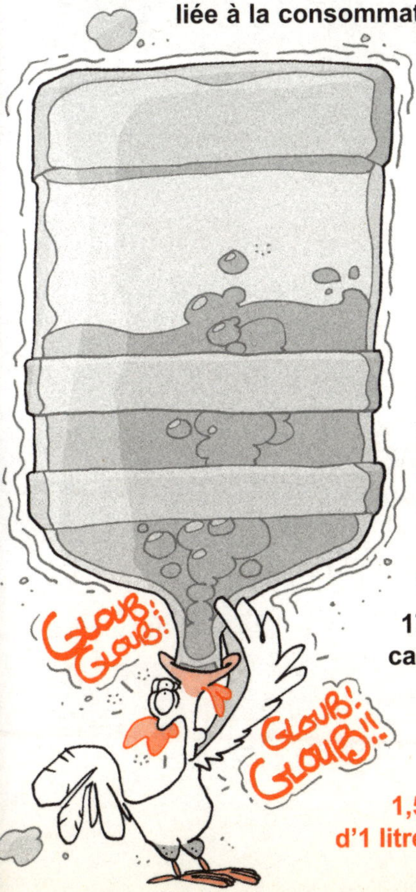

15 415 litres d'eau sont nécessaires pour produire 1 kg de viande de bœuf (200 litres selon le site Agrisalon ; si on ne compte pas l'eau de pluie).

11 000 litres d'eau pour 1 jean en coton.

3920 litres d'eau pour 1 kg de poulet.

3000 litres d'eau pour 1 kg de riz.

2700 litres d'eau pour 1 t-shirt en coton.

2 000 litres d'eau pour 1 kg de papier.

1334 litres d'eau pour 1 kg de blé.

175 litres d'eau pour 1 kg de sucre de canne.

140 litres pour 1 tasse de café.

11 litres d'eau pour 1 bouteille de bière de 33 cl.

1,5 litres pour 1 bouteille en plastique d'1 litre d'eau (vide) .

La question de Dame Pipi

QUELLE EST LA DIFFÉRENCE ENTRE LA PIEUVRE ET LE POULPE ?

Aucune ! Du moins sur le plan scientifique... On utilise un peu plus le mot poulpe en cuisine, et le mot pieuvre en science et littérature. Par ailleurs, si le mot poulpe a près de cinq siècles, le mot pieuvre n'a été introduit par Victor Hugo, dans son roman *Les Travailleurs de la mer*, qu'en 1866.

Les astuces de Dame Pipi

Pour ne pas fendre le bois en clouant, il faut pré-percer le trou avec une mèche très fine (diamètre inférieur à celui du clou, bien sûr). Cela permet d'éviter de fendre le bois dans une planche fine ou lorsqu'il y a des nœuds.

Vous pouvez aussi enduire le bout du clou de savon, de liquide vaisselle ou de paraffine. Ou encore maintenez le clou à la verticale, puis tapez la pointe du clou avec un marteau. L'objectif de cette manœuvre est d'écraser la pointe du clou.

La question de Dame Pipi

POURQUOI L'ENTONNOIR EST-IL LE SYMBOLE DE LA FOLIE ?

Au Moyen Âge, puis durant la Renaissance, pour les alchimistes, l'entonnoir représentait soit la folie, soit le savoir.

Dans le sens normal d'utilisation, c'est-à-dire la grande ouverture vers le haut, il était le symbole de la transmission du savoir.

Dans l'autre sens, il signifiait la fuite du savoir, donc l'ignorance et, par association, la déraison.

Au xve siècle, il apparaît dans certains tableaux du peintre hollandais Jérôme Bosch sur la tête des médecins. Dans sa peinture *L'Extraction de la pierre de folie*, un chirurgien est représenté avec un « entonnoir de savoir » porté à l'envers, en guise de chapeau. Mais dans l'esprit du peintre, cet entonnoir symbolise le charlatanisme de ces médecins prétendant que la folie était provoquée par une pierre qu'il fallait extraire du crâne des patients pour les guérir.

BOMBE ATOMIQUE

Les bombardements atomiques d'Hiroshima et Nagasaki ont eu lieu les 6 et 9 août 1945, à l'initiative des États-Unis

Les États-Unis ont longtemps prétendu que les habitants d'Hiroshima et Nagasaki avaient été prévenus par le lancement de tracts de ce qui allait se passer et sommés d'évacuer les deux villes. Ceci n'est tout simplement pas vrai. La décision a été prise au plus haut niveau de ne pas donner d'avertissements avant les bombardements. Des tracts furent bien lancés sur les villes japonaises, mais ils le furent après les bombardements pour avertir que toute résistance était inutile et pousser la population à faire pression sur le gouvernement japonais pour arrêter la guerre.

Voici quelques extraits de ces tracts :

À L'ATTENTION DU PEUPLE JAPONAIS

L'Amérique demande que vous prêtiez immédiatement attention à ce que vous allez lire sur cette feuille.

Nous sommes en possession de l'explosif le plus destructeur jamais conçu par l'homme. Nous venons juste de commencer à utiliser cette arme contre votre patrie. Si vous avez un quelconque doute, faites une enquête et demandez ce qui s'est passé à Hiroshima quand une seule de nos bombes est tombée sur la ville. […] Nous vous demandons de faire une pétition à l'attention de l'empereur pour cesser la guerre. Vous devriez prendre maintenant des décisions pour arrêter la résistance militaire. Nous devrons autrement nous résoudre à utiliser cette bombe et toutes nos autres armes supérieures pour cesser rapidement et avec force cette guerre.

Évacuez votre ville.

L'utilisation de l'arme atomique (ou la menace) est-elle interdite aujourd'hui en droit international ? En 1996, la CIJ a statué et a considéré que « le recours aux armes nucléaires est autorisé pour peu qu'il s'exerce dans le strict respect des règles fixées par deux articles de la Charte des Nations unies. Le premier concerne l'interdiction du recours à la force et le second est relatif à la légitime défense. »

En clair, l'utilisation de l'arme atomique est autorisée, si elle est couverte par la légitime défense. La Cour reste en revanche plus mesurée sur l'utilisation d'une telle arme sur la population civile, « qui reste généralement contraire aux règles du droit international applicable dans les conflits armés ».

Rien ne contredit aujourd'hui clairement l'utilisation de l'arme nucléaire sur les populations civiles, preuve qu'un nouvel Hiroshima pourrait se produire malgré les traités et accords tous azimuts.

Rappel, suivant les sources américaines et autres provenances.

Hiroshima : de 95 000 à 166 000 morts

Nagasaki : de 60 000 à 80 000 morts

Total : de 155 000 à 246 000 morts

Le petit coin des jeux

1.

Qui a dit : « Donnez à une fille la bonne paire de chaussures et elle peut conquérir le monde » ?

a) Brigitte Bardot
b) Audrey Hepburn
c) Marilyn Monroe

2.

Qui a dit : « Je déteste avoir des conversations intellectuelles, seule ma propre opinion m'intéresse » ?

a) Karl Lagerfeld
b) Christian Lacroix
c) Jean-Paul Gaultier

3.

Le directeur artistique de la question 2, a affirmé (complétez la phrase) : « Je veux être un … chic. »

a) homme
b) créateur
c) cintre

Réponses : 1c ; 2a ; 3c.

“Paris n'a pas été bâti en un jour et n'est même pas encore terminé.”

[Chaval]

La culture pas chiante

LE SYNDROME CHUCK CUNNINGHAM

Lorsqu'un personnage récurrent ou important d'une série télévisée disparaît subitement sans qu'aucune explication ne soit donnée, on parle alors du syndrome Chuck Cunningham.

Ce nom vient d'un personnage de la série *Happy Days* qui fut le premier à complètement disparaître à partir de la deuxième saison sans explication. À tel point que, plus tard dans la série, son père dit n'avoir que deux fils au lieu de trois.

Dans *Le Prince de Bel-Air*, trois amis proches de Will disparaissent après les 3 premières saisons.

Dans *Friends*, après la naissance d'Emma, le fils de Ross n'apparaît plus pendant les deux dernières saisons, tout comme Carol et Susan. Le frère de Phoebe et sa femme disparaissent alors que Phoebe leur a servi de mère porteuse.

Dans la 5e saison d'*Ally McBeal*, Ally déménage et s'achète une maison. Dès lors, on n'entend plus jamais parler de son ancienne colocataire, Renee, qui était quand même censée être sa meilleure amie.

La famille Foster-Lambert de *Notre belle famille* a perdu un enfant et ne s'en est même pas aperçue !

Une disparition d'enfant est également à noter dans la série *Parents à tout prix*. Henri, le petit dernier, n'apparaît plus, néanmoins ses parents font encore allusion à lui

LES ANIMAUX PEUVENT-ILS ÊTRE GAUCHERS OU DROITIERS ?

Les expériences montrent qu'il existe bien des droitiers et des gauchers chez les animaux et qu'ils peuvent parfois être ambidextres.

Un serpent peut-être droitier ou gaucher. Il utilise un de ses côtés plus volontiers que l'autre, en particulier lors de la reproduction. Le serpent-jarretière mâle a deux organes reproducteurs complets ressemblant à des pénis et dotés de testicules : celui de droite est toujours plus gros que celui de gauche, et son éjaculat est plus abondant.

La nageoire droite du morse est plus longue et plus utilisée que la gauche, spécialement pendant la recherche de nourriture qui consiste à remuer la vase en quête de bivalves.

Les chevaux de course sont soit droitiers soit gauchers. Cela donne peut-être un avantage selon le sens des virages des champs de courses, mais il est démontré que c'est une simple question de sexe : les mâles préfèrent tourner à gauche, et les juments à droite.

La question de Dame Pipi

LE SAVIEZ-VOUS ?

L'amok est un comportement meurtrier, très généralement individuel et masculin. Introduit dans la langue française vers 1830, le terme « amok » provient du mot malais *amuk* qui signifie « rage incontrôlable ».

Il constitue le thème du roman de Stefan Zweig, *Amok ou le fou de Malaisie*.

Les pieuvres utilisent un œil de préférence à l'autre. Malgré cette particularité, rare chez les invertébrés, elles ne sont ni droitières ni gauchères.

Chez les chimpanzés, les premiers nés sont plutôt gauchers, et les suivants plutôt droitiers. La situation s'inverse après le sixième petit, le septième étant souvent gaucher.

Les femmes chimpanzés et gorilles préfèrent tenir leurs petits avec le bras gauche. Il apparaît néanmoins que, bien qu'ambidextres, les chimpanzés se servent plus fréquemment de leur main droite pour saisir des objets.

Les confidences de Dame Pipi

LES CHANSONNETTES POUR LES ENFANTS SONT OBSCÈNES

Avant les chansons, dites légères ou polissonnes, usaient de non-dits, de fausses rimes ou de codes afin de rester correctes face à un clergé qui interdisait les propos trop pornographiques. Ces chansons sont tous devenues pour la plupart des airs que l'on fait encore chanter aujourd'hui à nos chers petits sans en connaître la signification première.

«Il était une bergère», par exemple. Qui sait aujourd'hui que « laisser le chat aller au fromage » signifie perdre son pucelage ?

Ou encore «Au clair de la lune», car « battre le briquet » veut dire faire l'amour.

«Savez-vous planter des choux ?» Sachant que les enfants naissent dans les choux, l'énumération des différentes façons de les planter frise l'obscénité. (Avec le doigt, les mains, les pieds, etc.)

Tirez la chasse

MADE IN CHINA OU BANGLADESH

70% de nos habits sont fabriqués en Asie. Certaines usines asiatiques utilisent des substances potentiellement dangereuses pour notre santé. Des journalistes de l'émission *Envoyé spécial* se sont introduits dans une teinturerie qui sous-traite pour de grandes marques occidentales connues, ils ont constaté que de nombreux enfants y travaillaient, manipulant des produits chimiques sans gants ni masque.

« La Mère Michel », naturellement. Le chat ayant été toujours le symbole qui désigne le sexe féminin, cette chanson raconte la virginité envolée de madame Michel.

« À la claire fontaine » : Cette chanson, qui servit de chant national aux patriotes franco-canadiens lors de la grande révolte de 1837 contre l'hégémonie anglaise, est en fait une chanson érotique : « Pour un bouton de rose, que je lui refusai », etc. Dans une autre version : « J'ai perdu mon ami / Mon ami que j'aimais / Pour un bouton de rose / Que trop tôt j'ai donné. »

« Nous n'irons plus au bois » : cette chanson connut une grande popularité au XVIIIe siècle, et particulièrement à la cour de Versailles. Elle tirerait son origine de la volonté du roi Louis XIV de fermer les maisons closes sur lesquelles étaient suspendus un laurier ou des branches d'églantier.

Le petit coin des jeux

Un sculpteur nommé Blanc, un violoniste nommé Noir et un poète nommé Roux se rencontrent dans un café. L'un d'eux dit:

– *Mes cheveux sont noirs, les vôtres sont respectivement roux et blancs, mais aucun de nous trois n'a une couleur de cheveux correspondant à son nom.*

– *C'est ma foi vrai, répond Blanc.*

Quelle est la couleur des cheveux du poète ?

Réponses :

Celui qui parle dit « mes cheveux sont noirs », donc son nom est soit M. Blanc soit M. Roux. Mais M. Blanc lui répond, donc il ne peut être que M. Roux. Donc le poète M. Roux a les cheveux noirs. Quant à M. Blanc, il ne peut avoir les cheveux ni blancs (comme son nom) ni noirs. Donc il a les cheveux roux. Il reste donc M. Noir qui a les cheveux blancs.

Les conseils de Dame Pipi

Les fourmis n'aiment pas la craie. Pour leur interdire le passage vers vos plantes ou autres lieux, écrasez des craies tout autour des endroits à préserver.

Le petit coin des listes

MIAM-MIAM

Voici la liste des 10 meilleurs restaurants du monde en 2014.

Aucun restaurant français n'est dans le Top 10 cette année.

Le classement « The World's 50 Best Restaurants », décerné depuis 2002 par le magazine professionnel britannique *Restaurant*, fait encore polémique. Toutefois il est réalisé par les plus grands professionnels de la restauration et n'en demeure pas moins le plus populaire.

10. Vendôme (Bergisch Gladbach, Allemagne)

9. Steirerek (Vienne, Autriche)

8. Arzak (Saint-Sebastien, Espagne)

7. Dinner By Heston Blumenthal (Londres, Angleterre)

6. D.O.M (Sao Paulo, Brésil)

5. Eleven Madison Park (New York, USA)

4. Mugaritz (Saint-Sebastien, Espagne)

3. Osteria Francescana (Modène, Italie)

2. Noma (Copenhague, Danemark)

1. El Celler de Can Roca (Gérone, Espagne)

Les confidences de Dame Pipi

15 ANECDOTES DE CINÉMA

1. Samuel L. Jackson a insisté pour que les producteurs gardent le titre *Des serpents dans l'avion (Snakes on a Plane)*, car c'était l'unique raison pour laquelle il avait accepté le rôle.

2. Au lieu de faire appel à des effets spéciaux, Tim Burton a fait dresser 40 écureuils à casser des noisettes pour *Charlie et la chocolaterie*.

3. Les bruits émis par les brachiosaures dans *Jurassic Park* étaient une combinaison de sons émis par une baleine et un âne.

4. Dans *Benjamin Gates et le trésor des Templiers*, les gentils utilisent Google et les méchants Yahoo !

5. *Django Unchained* est le premier film depuis 16 ans pour lequel Leonardo DiCaprio n'a pas touché le plus haut salaire.

6. Pour *Docteur Folamour (Dr. Strangelove)*, Peter Sellers a été payé 1 million de dollars, soit 55% du budget du film. Stanley Kubrick aurait glissé à ce sujet : « J'en ai eu trois pour le prix de six ! »

7. Lorsque Harvey Weinstein a voulu modifier *Princesse Mononoké* pour l'adapter au marché, le réalisateur Hayao Miyazaki lui a envoyé un katana accompagné du message « Pas de coupure ».

8. Dans *Le Seigneur des anneaux : Le retour du roi*, Elijah Wood avait des tablettes d'Alka-Seltzer dans la bouche pour pouvoir faire de la mousse au moment où Arachne le poignarderait.

9. L’expression « vieux frère » [« old sport »] est prononcée 55 fois dans *Gatsby le Magnifique* (2013).

10. La montagne d’excréments dans laquelle saute le jeune Jamal dans *Slumdog Millionaire* était composée de beurre de cacahuète et de chocolat.

11. Suite à la sortie de *Top Gun* au cinéma, le recrutement dans la marine a augmenté de 500%.

12. Au total, Daniel Radcliffe a porté 160 paires de lunettes dans la série *Harry Potter*.

13. Le réalisateur de *Cannibal Holocaust* a dû prouver devant un tribunal que les acteurs du film étaient toujours vivants et n’avaient pas été tués pendant le tournage.

14. Dans la scène d’*Alien, le huitième passager* où l’alien sort du ventre de John Hurt, les acteurs n’étaient pas au courant de ce qui allait arriver.

15. Walt Disney a refusé qu’Alfred Hitchcock tourne à Disneyland au début des années 60, car il avait réalisé « cet horrible film *Psychose* » [*Psycho*].

Pissons de rire

Un soir dans le lit une femme dit à son mari :

– *C'est marrant que tu aies de si petits pieds, ça fait bizarre avec ta grande taille.*

Le mari répond :

– *Ma mère me faisait porter des chaussures toujours trop petites quand j'étais gamin.*

Et la femme lui répond :

– *Ta mère aurait dû te faire porter des couches bien plus grandes…*

"J'ai déjà essayé de payer mes impôts avec le sourire, ils préfèrent un chèque."

[Jean Yanne]

L'IMPORTANCE DES INVESTISSEURS ÉTRANGERS EN FRANCE

22,3% des investissements détenus par des étrangers en France le sont par des Américains.

Viennent ensuite les Britanniques (14,5%), les Allemands (14,2%). Les Chinois ne sont qu'à 0,6%.

Le constat est à peu près identique lorsque sont mesurées les implantations étrangères créatrices d'emplois : sur la période 2007-2013, les États-Unis ont occupé la première place (avec 927 projets), suivis de l'Allemagne (809) et de l'Italie (363). La Chine arrive au neuvième rang (217 projets).

« L'investissement des fonds souverains des émergents et des pays arabes reste homéopathique. Le Qatar en particulier achète surtout de l'immobilier et agit davantage dans une logique de placement que d'investissement. » (Philippe Kemel)

Pour de nombreux observateurs, la France aurait intérêt à accueillir davantage d'investissements de pays émergents, pour doper l'emploi. La Chine représente par exemple 6% des investissements étrangers au Royaume-Uni. En France, l'Empire du Milieu est surtout présent dans les télécoms (avec son géant Huawei) et se développe dans l'agroalimentaire.

Les investissements étrangers représentent un enjeu fort pour l'économie hexagonale. Les multinationales implantées en France emploient 1,8 million de salariés (soit 12% de l'ensemble des salariés) et sont à l'origine de 31% des exportations françaises. La France reste le quatrième pays en terme de stock d'investissements étrangers sur son sol, derrière les États-Unis, le Royaume-Uni, Hong-Kong et l'Allemagne.

Le petit coin des listes

LE LANGAGE DU PASTIS

Selon la réglementation européenne, le pastis est le résultat de l'aromatisation d'un alcool neutre d'origine agricole avec des extraits d'anis vert, d'anis étoilé, de fenouil, ou de toute autre plante contenant le même constituant aromatique principal, ainsi que par des extraits naturels issus du bois de réglisse.

La mauresque (ou moresque), à base de pastis et de sirop d'orgeat (appelée aussi « EPO » : eau, pastis, orgeat).

La tomate, à base de pastis et de sirop de grenadine.

Le perroquet, à base de pastis et de sirop de menthe.

La commande des trois cocktails précédents se nomme une rasta, les couleurs verte (perroquet), jaune (mauresque) et rouge (tomate) faisant référence aux couleurs panafricaines utilisées par les rastafari.

Le rourou, à base de pastis et de sirop de fraise.

Le Lanmaderlo, à base de pastis et de Get 27. Ce nom fut donné en mémoire à l'union entre les villes de Landerneau et Saint-Malo. Il est aussi appelé Pélican.

Le sazerac, à base de pastis (parfois remplacé par de l'absinthe ou du Pernod) et de whisky de seigle ou de cognac.

Le mazout ou le gasoil ou le goudron, à base de pastis et soda au cola. Le mazout tropical est en plus aromatisé à la vanille.

Le diesel, à base de pastis et de vin blanc.

Le saunier, à base de pastis et de sirop de pamplemousse, et qui doit son nom à la couleur rosée qui rappelle celle des salins d'Aigues-Mortes.

La feuille morte, à base de pastis, de sirop de menthe et de sirop de grenadine.

Le café électrique, à base de pastis et de café. En Italie, le caffè corretto peut y être assimilé lorsqu'on lui ajoute la sambuca.

Le pastis espagnol, à base de pastis et de lait.

Le pélican, à base de pastis et de sirop de pêche.

L'indien, à base de pastis et de sirop de citron.

Le cornichon, à base de pastis et de sirop de banane.

Le perroquet sauvage (en référence au perroquet), à base de pastis, de Get 27 à la place du sirop de menthe et de vodka à la place de l'eau.

La Tronçonneuse, à base de pastis et de bière.

Le stoptou, à base de pastis et de picon.

Le New-Yorkais, à base de pastis, whisky et soda au cola.

La Rosalie, à base de pastis et de sirop de rose.

L'orangezinette, à base de pastis et de soda a l'orange.

Le coquelicot, à base de pastis et de liqueur de cassis.

Le lama hurlant, à base de pastis, de Limoncello et de quelques gouttes de Tabasco.

La cubaine, à base de pastis, de sirop de menthe et de sirop de citron (ou rondelle de citron).

Les confidences de Dame Pipi

LES SUPERS-HÉROS DE MARVEL

• Il y a plus de 5000 super-héros et vilains Marvel.

• Hulk le géant vert, à l'origine, était gris. Grâce ou à cause de problèmes d'impression (séparation des couleurs) dans la revue papier, les éditeurs optèrent pour la couleur verte, plus propice aux jeux de couleurs. Sans quoi la bestiole serait encore grise, et non verte de rage.

• Martin Goodman, le fondateur de Marvel, n'était pas très chaud pour publier Spiderman, insistant auprès de Stan Lee, son créateur, sur le fait que les gens détestent les araignées et que le comic ne se vendrait pas. Il changea d'avis lorsqu'il vit le résultat des ventes.

• Marvel a attiré de nombreux scénaristes talentueux au cours des ans, parmi lesquels de nombreux scénaristes de séries télévisées ultra-connues par la suite : Allan Heinberg (*Sex and the City*), Brian Vaughan et Damon Lindelhof (*Lost*), Jeph Loeb (*Heroes*), Michael Stracinsky (*Babylone 5*)…

• Au début des années 90, Michael Jackson a tenté de racheter Marvel Comics juste pour pouvoir jouer Spider-Man dans un film qu'il aurait par la suite produit.

"J'ai toujours rêvé d'un ordinateur qui soit aussi facile à utiliser qu'un téléphone. Mon rêve s'est réalisé. Je ne sais plus comment utiliser mon téléphone."

[François Cavanna]

• À cause d'une étrange loi des États-Unis, les jouets représentant des êtres humains sont davantage taxés à l'importation que les autres. Marvel a fait appel de cette loi avec succès en argumentant qu'étant donné que les X-Men sont des mutants, leurs figurines articulées ne sont pas concernées.

• En 2002, un enfant de 4 ans souffrant de déficience auditive refusait de porter une prothèse auditive car les super-héros n'en avaient pas. Pour l'inciter à en porter une, Marvel Comics a créé Blue Ear, un super-héros équipé d'une prothèse auditive.

• Eminem fait partie des personnages de l'univers Marvel.

La question de Dame Pipi

LE SAVIEZ-VOUS ?

Les Cairotes sont les habitants du Caire, en Égypte, tandis que les Cairois sont les habitants du Caire en France (dans le département des Alpes-de-Haute-Provence).

La culture pas chiante

Lune rousse, jaune ou blanche, la couleur que nous voyons quand nous la regardons depuis la Terre est en fait celle de la lumière du Soleil, réfléchie par la Lune. La pollution, des fumées, des poussières en suspension, des nuages, peuvent rendre la Lune plus foncée, plus orangée. Dans la journée, elle nous paraît plus claire, voire blanche. En fait, la Lune est grise.

"Une alliance ne protège qu'un seul doigt."

[Groucho Marx]

ALEXANDER GRAHAM BELL

La mère et la femme d'Alexander Bell étaient sourdes, ce qui a sans nul doute encouragé Bell à consacrer sa vie à apprendre à parler aux sourds. Il était professeur de diction à l'université de Boston.

« *Venez Watson, j'ai besoin de vous !* » (« *Mr. Watson -- Come here -- I want to see you.* ») est la première conversation téléphonique de l'Histoire (le 10 mars 1876, à Boston) qu'il eut avec son assistant qui se trouvait alors dans une autre pièce.

Bell considéra par la suite son invention la plus connue comme une intrusion dans son travail de scientifique et refusa d'avoir un téléphone dans son laboratoire.

Pisse trois goutes

Les os de l'épaule et du bras :
clavicule, omoplate, humérus, radius, cubitus

Tirez la chasse

Selon les statistiques, 69% des enfants savent comment utiliser une souris d'ordinateur avant d'apprendre comment lacer leurs chaussures et 58% savent comment jouer à un jeu vidéo avant d'apprendre à faire du vélo.

La culture pas chiante

Les panthères noires ne constituent pas une espèce à part entière. Ce sont généralement des panthères ou léopards, ou parfois d'autres félins, qui expriment une mutation génétique appelée mélanisme. Cette mutation conduit alors à la formation d'un pelage noir au lieu du pelage brun fauve tacheté de noir. Le mode de vie de l'animal n'est alors pas modifié.

Les conseils de Dame Pipi

UNE BONNE ALIMENTATION ET UNE HYGIÈNE DE VIE SONT NÉCESSAIRES POUR AMÉLIORER SA MÉMOIRE ET AUGMENTER SON POTENTIEL DE CONCENTRATION.

- Privilégiez une alimentation équilibrée et structurée pour éviter les « coups de pompe ».
- Faites le plein de vitamines B12 (crustacés, foie, poissons, produits laitiers). Le glucose (pain, sucre, céréale), acide linoléique et alpha-linoléique (huiles végétales de type colza, noix et soja) sont importants. Ils permettent de limiter la mémoire défaillante et la destruction des neurones.
- Pensez à vous hydrater régulièrement.
- Mangez des fruits et des légumes. Ils ont un effet antioxydant qui renforce la paroi des neurones.
- L'alcool en petite quantité diminuerait les risques d'Alzheimer.
- Limitez la nicotine, qui bloque l'activité des récepteurs cérébraux.
- Le thé et le café nuisent à la concentration : à consommer avec modération.

Les conseils de Dame Pipi

UN RÉGIME À SE TORDRE DE RIRE

Peut-on perdre du poids rien qu'en riant ? Absolument. Une séance de rire de 15 minutes par jour (en cumulé) permet de brûler en moyenne 40 calories. Sur une année entière, cela représente près de deux kilos.

Le saviez vous ?

Blockbuster, en anglais, se traduit littéralement par « qui fait exploser le quartier ». On l'entend tout d'abord dans le jargon théâtral américain, il qualifiait une pièce remportant un succès important.

Un blockbuster serait donc une pièce qui mènerait tous les autres théâtres du voisinage à la banqueroute.

Le mot blockbuster a probablement été tiré du vocabulaire militaire, blockbuster étant le nom de la plus puissante bombe utilisée par l'armée anglaise et américaine durant la Seconde Guerre mondiale. Aujourd'hui, il est réutilisé au cinéma pour qualifier les films à gros budget et à gros revenus, ce sont des productions exceptionnelles sur le plan financier, matériel et humain.

"Ce ne sont pas nos capacités qui déterminent ce que nous sommes, Harry, ce sont nos choix !"

[Dumbledore, *Harry Potter à l'école des sorciers*]

Les confidences de Dame Pipi

UN DÉCOR DE CINÉMA PAS BIDON

En 2009, un historien d'art hongrois regarda le film *Stuart Little* avec sa fille. Il remarqua dans le décor un tableau de Robert Bérény, un peintre hongrois, *La Dame endormie au vase noir*, perdu depuis 1928. Il contacta Sony Pictures et le tableau put être retrouvé. Il appartenait à une scénographe qui avait travaillé sur le tournage du film mais qui ignorait la valeur du tableau, car elle l'avait acheté chez un antiquaire. Elle l'a finalement vendu aux enchères pour près de 230 000 euros en 2014, alors qu'à la fin des années 1990, elle l'avait acheté pour 40 dollars.

Les confidences de Dame Pipi

ON L'APPELAIT LE « PRÉSIDENT LE PLUS PAUVRE AU MONDE »

José Mujica Cordano, surnommé « Pepe Mujica », est un homme d'État uruguayen, né à Montevideo le 20 mai 1935. Il a été élu président de la République le 29 novembre 2009. À la fin de son mandat en 2015, il remit à son prédécesseur un pays affichant sa douzième année de croissance économique consécutive.

Il a marqué l'Uruguay avec sa contribution à la lutte aux inégalités sociales.

Mujica se distingue par son mode de vie, très éloigné du faste habituel de la fonction présidentielle. Délaissant le palais présidentiel, il habite la petite ferme de son épouse, « au bout d'un chemin de terre » en dehors de Montevideo. Tous deux ont continué à cultiver des fleurs pour les vendre. Et l'ancien président donnait environ 90% de son salaire de chef d'État à des organisations caritatives ou pour aider des « petits entrepreneurs », conservant pour lui-même l'équivalent du salaire moyen en Uruguay (environ 900 € par mois).

Le patrimoine du couple fut évalué en 2012 à 4,2 millions de pesos uruguayens (environ 170 000 €).

En juin 2012, lors de la vague de froid, il inscrivit immédiatement la résidence présidentielle sur la liste des refuges pour les sans-abri.

L'Uruguay a été nommé le « pays de l'année » en 2013 par le magazine *The Economist* qui l'a qualifié de pays « humble et pourtant audacieux, libéral et bon vivant », à l'image de son dirigeant. La marijuana, l'avortement et les mariages de même sexe y sont légaux.

« Si nous vivions selon nos moyens, les sept milliards de personnes sur Terre auraient tout ce dont elles ont besoin. Les politiques globales devraient aller dans cette direction. Mais nous pensons en terme de personnes et de pays, pas en tant qu'espèce. »

« Les compagnies ne veulent qu'accroître leurs profits ; c'est au gouvernement de s'assurer qu'elles distribuent suffisamment ces profits pour que les travailleurs aient assez d'argent pour acheter les biens qu'elles produisent. Ce n'est pas un mystère – moins de pauvreté, plus de commerce. L'investissement le plus important que nous pouvons faire, c'est dans les ressources humaines. »

« Dès que les politiciens se mettent à grimper l'échelle, ils deviennent soudainement des rois. Je ne sais pas comment ça fonctionne, mais ce que je sais, c'est que les républiques sont nées pour s'assurer que personne n'est plus que quelqu'un d'autre. »

Tirez la chasse

MANGER CINQ FRUITS ET LÉGUMES PAR JOUR OUI, MAIS LESQUELS ?

Janvier 2015 : l'Union européenne met fin au blocage des OGM.

Mars 2015 : réduction des aides pour les agriculteurs bio.

L'OGM est un organisme vivant dont l'ADN a été modifié, pour le doter de propriétés dont il est dépourvu dans la nature.

Les opposants aux OGM insistent sur les risques environnementaux (l'utilisation accrue de pesticides) et de santé publique que ces organismes peuvent créer ainsi que sur la question de l'appropriation par des intérêts privés (par exemple les semenciers tels que la firme Monsanto).

Quant au fait que les OGM pourraient régler la faim dans le monde, rien n'est moins sûr :

- Les OGM sont accessibles uniquement par achat de semences dans le commerce, ce qui nécessite des moyens financiers que les populations pauvres n'ont pas. Elles sont bien plus chères que les semences conventionnelles. Ainsi, les semences de coton OGM coûtaient 41€ le sac au Burkina Faso début 2012 contre 1,2€ pour les semences conventionnelles.

- De plus, la plupart des semences d'OGM ne sont utilisables que sur une seule saison. (Les semences éventuellement récupérées à partir d'une récolte d'OGM n'ont en général pas les caractéristiques qu'ont les semences initialement achetées ; dans le cas contraire, le producteur devrait payer une redevance puisque les OGM font l'objet de brevets appropriés par les firmes privées.) Ce qui entraîne des coûts rédhibitoires.

- La généralisation éventuelle de l'utilisation des OGM par les producteurs capables de les acheter risque d'entraîner une baisse des prix des produits alimentaires. Les producteurs les plus pauvres auront donc plus de mal à vendre leurs produits à un bon prix et verront leur revenu diminuer, les enfonçant davantage dans la pauvreté ou les poussant à accélérer leur mouvement de sortie de l'agriculture.
- **Pour ceux des personnes souffrant de la faim et ne vivant pas de l'agriculture, la baisse des prix découlant de la généralisation éventuelle des OGM aurait un effet positif sur leur revenu réel (pouvoir d'achat), mais au risque d'effets négatifs sur leur santé.**

La question de Dame Pipi

POURQUOI LES FLAMANTS ROSES DORMENT-ILS SUR UNE PATTE ?

La réponse n'est pas… « parce que s'ils levaient la deuxième, ils ne tiendraient pas debout ! »

Les flamants roses sont pourvus de plumes sur leur corps, mais leurs pattes sont nues. Afin de les réchauffer, ils mettent une patte sous leur aile, puis alternent.

Pisse trois gouttes

Le premier vrai grand magasin au monde a été Le Bon Marché à Paris, fondé en 1838 par Aristide Boucicaut.

– Oh, l'amour… C'est un bien grand mot !
– Je sais pas… y a que 5 lettres.”

[*Skins*, Anthea Stonem et Pandora]

AVOIR PEUR PEUT AVOIR DU BON

Selon les chercheurs de l'université de Wesminster, à Londres, regarder un film d'horreur de 90 minutes brûle en moyenne 113 calories, l'équivalent d'une barre de chocolat, c'est autant de calories que 30 minutes de marche. Cette perte de calories est due à une montée rapide d'adrénaline procurée par ce genre de films. En effet, le stress intense engendré par les films d'horreur provoque une libération rapide de cette hormone qui mobilise de l'énergie en puisant dans les réserves de graisses et de sucre pour faire face à un danger, ce qui permet de brûler davantage de calories.

À partir des films visionnés par les volontaires qui ont fait l'objet de cette étude, les chercheurs ont classé les films qui vous feront perdre le plus de calories :

Shining **: 184 calories**
Les Dents de la mer **: 161 calories**
L'Exorciste **: 158 calories**
Alien **: 152 calories**
Saw **: 133 calories**
Freddy les griffes de la nuit **: 118 calories**
Paranormal Activity **: 111 calories**
Le Projet Blair Witch **: 105 calories**
Massacre à la tronçonneuse **: 107 calories**
[Rec] **: 101 calories**

Pisse trois gouttes

LA TROUILLE ALIMENTE LA HAINE

La Trouille est en fait une rivière de Belgique et de France, affluent de la Haine. Elle prend sa source en Belgique.

Les confidences de Dame Pipi

Le Jardin des plantes a fourni en viande d'antilope, de chameau et d'éléphant les restaurants parisiens de luxe durant le siège de 1870.

Lors de la Commune de Paris en 1871, les animaux, dont les éléphants Castor et sa sœur Pollux, furent mangés par les Parisiens assiégés et affamés. Certains animaux survécurent, comme les singes jugés trop proches des humains pour être tués, les lions et les tigres trop dangereux, et les hippopotames parce que le prix de 80 000 francs qu'on en demandait était hors de portée des bouchers.

"Quand les femmes sont déprimées, soient elles se mettent à manger, soit elles vont faire du shopping. Les hommes, eux, vont envahir un pays."

[Elayne Boosler]

Les confidences de Dame Pipi

UN ENFANT PAR LA POSTE

L'envoi de colis postaux aux États-Unis a débuté le 1er janvier 1913 et, selon le règlement, le poids des colis ne devait pas dépasser 50 livres (environ 23 kg), mais jamais il n'a été précisé que l'on ne pouvait expédier un enfant via le Parcel service post…. ce que certains firent donc.
Les frais postaux revenaient beaucoup moins cher que les billets de train, ce qui a poussé des parents à envoyer leurs enfants par colis, à leurs grands-parents par exemple. Les enfants portaient des timbres postaux et voyageaient dans le compartiment du train réservé aux courriels et aux colis, accompagnés d'un facteur, jusqu'à destination.
Après avoir entendus parler de plusieurs cas d'envoi d'enfants par colis, le ministre de la Poste a émis de nouvelles réglementations interdisant cette pratique.

La question de Dame Pipi

QUELLE EST LA DIFFÉRENCE ENTRE LA LAVE ET LE MAGMA ?

Le magma est de la roche fondue se situant à l'intérieur de la Terre. Lorsqu'un volcan entre en éruption, il fait sortir du magma. Celui-ci perd le gaz qu'il contient et devient de la lave.

Les secrets de Dame Pipi

Margaret Thatcher à l'Assemblée : *« Si Ulysse avait écouté le chant des sirènes, son navire aurait sombré et il n'aurait pu arriver à bon port. »*

En fait, Ulysse a écouté le chant des sirènes, son navire s'est échoué et il est arrivé à bon port !

"Le premier homme qui est mort a dû être drôlement surpris."

[Georges Wolinski]

LA FIN DU MONDE EN DIRECT

La chaîne de télévision américaine CNN est préparée à tout, même à la fin du monde ! Cette dernière a effectivement prévu de diffuser une vidéo d'un orchestre militaire jouant la musique « Nearer, my God, to Thee » (Plus près de toi, mon Dieu) en cas d'apocalypse. Cette vidéo est appelée «vidéo d'apocalypse de Turner» en l'honneur du fondateur de la chaîne.

Lors du lancement de la chaîne américaine en 1980, son fondateur Ted Turner avait prévenu :

« Nous serons là, et nous couvrirons la fin du monde en direct, et ce sera notre dernier événement. Nous jouerons l'hymne national une seule fois, le 1er juin (jour du lancement de CNN), et quand viendra la fin du monde, nous jouerons "Nearer, My God, To Thee" avant que le signal ne se coupe. »

Les confidences de Dame Pipi

TRAVERSÉE DE LA MANCHE À LA NAGE

La distance minimale théorique est de 34 km, entre Douvres en Angleterre et Wissant en France. Cette longueur peut considérablement s'allonger du fait de la dérive secondaire due aux marées.

La traversée s'effectue le plus souvent de la Shakespeare Beach ou de la réserve de Samphire Hoe (à côté du port de Douvres en Angleterre) au Cap Gris-Nez (en France). Les traversées dans le sens France-Angleterre ne sont plus autorisées.

Deux associations ont l'autorisation d'accompagner les nageurs depuis l'Angleterre vers la France. Elles sont également chargées de valider les traversées à l'aide d'observateurs présents sur les bateaux d'accompagnement. Elles adhèrent à des règles très similaires :

- Équipement autorisé pour le nageur : maillot de bain classique, bonnet en latex ou silicone, paire de lunettes, graisse, crème solaire, source lumineuse chimique ou électronique pour la nage de nuit.

- Le nageur doit être entièrement hors de l'eau au départ comme à l'arrivée.

- Interdiction d'entrer en contact physique avec le bateau d'accompagnement ou ses membres d'équipage.

- Matthew Webb effectua la première traversée de la Manche à la nage le 24 août 1875, en 21 heures 45 minutes.

- Thomas William Burgess, à sa 16e tentative, sera le numéro 2 sur la liste officielle des vainqueurs du détroit, 36 ans après Matthew Webb, le 6 septembre 1911.

- Enrico Tiraoschi effectua la première traversée de la Manche dans le sens France-Angleterre le 12 août 1923, en 16 heures 23 minutes.
- Gertrude Ederle fut, quant à elle, la première femme à effectuer la traversée le 6 août 1926, en 14 heures 39 minutes.
- Florence Chadwick fut la première femme à traverser la Manche dans les deux sens, en 1950 puis en 1951.
- Alison Streeter l'a effectuée 43 fois, plus que quiconque au monde. Ce total inclut une triple traversée Angleterre-France-Angleterre-France en 34 heures 30 minutes.
- Le record de la durée de traversée est détenu depuis le 8 septembre 2012 par l'Australien Trent Grimsey en 6 heures 55 minutes.
- La personne la plus âgée ayant réussi la traversée est Otto Thaning, à l'âge de 73 ans.
- Entre la première traversée et la fin de l'année 2014, ce sont un peu plus de 1530 nageurs qui sont parvenus à traverser la Manche en solitaire, portant ainsi le nombre total de traversées à un peu plus de 2000. Par ailleurs, il y a eu environ 1300 traversées effectuées sous forme de relais.

« TU ME FENDS LE CŒUR »

Les figures sur les jeux de cartes représentent des personnages considérés comme héroïques au Moyen Âge – époque à laquelle furent découvertes les cartes en Europe.

Pour les cartes traditionnelles françaises :

Roi de cœur : Charlemagne, ou Charles VII

Roi de carreau : Jules César

Roi de pique : David (héros biblique)

Roi de trèfle : Alexandre le Grand

Dame de cœur : Judith (héroïne biblique)

Dame de carreau : Rachel (personnage biblique)

Dame de pique : Athéna

Dame de trèfle : Argine, anagramme de régina, qui signifie reine

Valet de cœur : Lahire, compagnon d'armes de Jeanne d'Arc

Valet de carreau : Hector (héros de la guerre de Troie)

Valet de pique : Ogier, l'un des douze pairs de Charlemagne

Valet de trèfle : Lancelot du Lac

Imprimé en Tchèquie
par finidr
en juillet 2015
Dépôt légal : août 2015